LE PARI DE L'ECOLOGIE POPULAIRE

Pierre BENASSAYA

LE PARI DE

L'ECOLOGIE POPULAIRE

Comprendre l'écologie et en devenir acteur

Édition : BoD · Books on Demand, 31 avenue Saint-Rémy, 57600 Forbach, bod@bod.fr
Impression : Libri Plureos GmbH, Friedensallee 273, 22763 Hamburg (Allemagne)
Illustrations : Créées via Copilot. Couverture réalisée sur Canva.

ISBN : 978-2-3225-5120-0
Dépôt légal : Janvier 2025

Remerciements

Un immense merci aux adhérents et bénévoles de Graines Populaires. Vous êtes la véritable énergie renouvelable qui me pousse chaque jour. Votre engagement, votre passion et vos actions concrètes donnent vie à l'écologie populaire dont il est question dans ce livre. C'est en vous voyant à l'œuvre que j'ai trouvé l'inspiration pour coucher ces idées sur le papier. Ce livre est autant le vôtre que le mien.

Merci à Philippe, Florence et Fabiana d'avoir relu et annoté mon texte toujours avec bienveillance. Votre soutien, vos conseils et vos remarques m'ont été d'une aide précieuse. Merci pour vos encouragements, vos discussions enrichissantes et vos conseils avisés.

À tous, merci de m'avoir accompagné durant ces quatre années de recherches pour finaliser ce livre. J'espère que ce dernier saura rendre justice à tout ce que vous m'avez apporté.

Sommaire

I

La Fable de la Grenouille

Vous connaissez sans doute l'histoire de Billy la grenouille. Billy est une grenouille affable et toujours de bonne composition. Elle raffole d'insectes et de vers de terre, elle adore sentir la pluie sur sa peau... Mais ce que Billy aime par-dessus tout, c'est faire quelques brasses dans l'eau bien fraîche de sa mare.

C'est par une belle matinée de l'année 1882 que Billy rencontra un vieil homme qui lui semblait bon et avait les traits d'une personne rigoureuse.

- Bien le bonjour Monsieur, lança Billy qui était connue pour être une grenouille sociable et polie. Vous semblez affairé à chercher quelque chose. Comment puis-je vous être utile ?

Étonné et charmé par cette créature, l'honnête homme lui répondit :

- Ma chère, vous êtes bien aimable et vous tombez à pic. Je suis scientifique à l'Université Johns Hopkins et cherche à réaliser quelques expériences sur des spécimens de *Lithobates clamitans*.
- Ça par exemple, vous en avez de la chance ! Je fais moi-même partie de la famille des Ranidés. Vous ne trouverez pas plus *Lithobates clamitans* que moi ! Je suis rongée par l'ennui... Laissez-moi venir avec vous, vous ne le regretterez point.

Déconcerté par l'entrain de l'animal, le scientifique en toute franchise lui répondit : « C'est qu'il va falloir vous armer de courage ma chère. Mes expériences ne sont pas toujours une partie de plaisir, vous risquez de souffrir quelque peu ».

Nullement troublée par ces déclarations, la brave rainette s'exprima ainsi :
-   Oh mais je suis prête à affronter le danger si cela peut être utile à la science. Une once de péril ne pourrait qu'exciter mon humble existence.
-   Alors, en route !

Billy sauta sur la main du scientifique et ce dernier se dirigea vers son laboratoire. Émerveillée, Billy ne s'était jamais aventurée aussi loin de sa mare. Elle admirait les arbres et les champs de fleurs à perte de vue, mais la ville et son vacarme se rapprochaient. Passé le pas de la porte cochère, Billy découvrit le laboratoire du scientifique.
-   Nous sommes arrivés à destination ma chère. Pour la première des expériences, je vous invite à sauter dans ce ballon d'eau.

Intriguée, Billy s'exécuta. Elle prit son élan et s'élança dans le ballon. Horreur, l'eau était bouillante. Dès que ses pattes touchèrent l'eau, elle tendit instinctivement ses cuisses musclées et se retrouva en moins d'une demi-seconde à l'extérieur du ballon.

- Bravo madame la grenouille, vous êtes bien courageuse. Vous comprenez pourquoi j'étais réticent à l'idée de faire subir de telles expériences à une si gentille créature.
- Pensez-vous ! Je n'ai rien senti, rétorqua Billy tremblante qui avait du mal à cacher sa douleur.
- Je vous félicite, pour la seconde expérience, je vous invite à sauter dans cet autre ballon.

Inquiète à l'idée de subir le même sort mais stoïque en apparence, la brave Billy s'élança. Soulagée, elle se retrouva dans une eau fraîche comme celle de sa mare. Elle fit quelques brasses et se prélassât. Le scientifique sourit et montra d'un geste à Billy qu'il allait augmenter la température. L'eau tiédit mais Billy resta en place. L'eau se réchauffa très progressivement et Billy se rendit compte que ses membres s'engourdissaient. Mais l'eau demeurait agréable et Billy ne souhaitait pas sauter en dehors du bocal. L'eau chaude devint brûlante et Billy dont les membres étaient totalement engourdis ne se sentait plus la force de bouger.

Billy se laissa ainsi mourir sans s'en rendre compte, ébouillantée. Une larme à l'œil, le scientifique qui se laissait parfois aller à des élans philosophiques nota ses conclusions :

Mes conclusions sont formelles : « Une grenouille vivante peut, en fait, être bouillie sans qu'elle ne bouge si l'eau est chauffée assez lentement. Lors de mon expérience la température a été augmentée de 0,002 °C par seconde et la grenouille fut retrouvée morte après 2 heures 30 sans avoir bougé »[1]. Il en est de même pour le monde des Hommes. Il nous est difficile de concevoir des transformations peu perceptibles. L'homo sapiens est, certes, un

---

[1] Traduction libre de *"A live frog can actually be boiled without a movement if the water is heated slowly enough; in one experiment the temperature was raised at a rate of 0.002°C per second, and the frog was found dead at the end of 2½ hours without having moved."* in Scripture E.W, (1897), *The New Psychology*. W. Scott Publishing Company, Limited, page. 300.

être adaptable, mais lorsque l'accoutumance entrave la rébellion, nos instincts d'adaptation devraient laisser place à notre raison.

Cette courte fable nous enseigne une morale dramatique. Face aux dérèglements climatiques, nous sommes des petites grenouilles. Nous distinguons clairement les transformations à l'œuvre, nous percevons les bouleversements à venir et pourtant nous ne bougeons pas, engourdis dans notre confort. Nous avons, pour beaucoup, intégré des gestes écologiques au quotidien mais nous nous cachons derrière ces derniers pour faire comme nous avons toujours fait et vivre dans le même monde.

Se débattre ou adopter des postures d'indignation est inutile tant que - comme la grenouille - nous ne bondissons pas hors du bocal. Le bocal, c'est notre modèle économique global. Si nous désirons réellement agir sur l'environnement et arrêter l'augmentation de la température, c'est d'un changement systémique dont nous avons besoin.

C'est le point de vue que je défendrai dans cet essai. À l'instar de René Dumont, prophète au pullover rouge, qui devisait à propos de ses propres ouvrages, celui-ci sera aux « antipodes de la logomachie démagogique des livres saints ou des catalogues de "y'a qua" »[2]. Vous n'y trouverez ni solutions clés en main ni doctrine préétablie. Le but de cet ouvrage est de tenter de

---

[2] Besset, J.-P. (1994). *René Dumont, une vie saisie par l'écologie*. Pocket, p.166

comprendre les dessous de la crise écologique systémique actuelle afin de bâtir une véritable écologie populaire.

Ce livre ne vous donnera donc pas les clés pour survivre à l'effondrement, je vous laisse pour cela parcourir la pléthore d'ouvrages de qualités en la matière[3]. Non, sa vocation première est de démontrer que les sociétés humaines gagneraient à s'inspirer du fonctionnement des écosystèmes naturels pour bâtir des lieux de vie plus équilibrés et plus sains.

Il ne s'adresse pas à un public d'initiés, mais à tout un chacun, afin de faire émerger un nouveau discours populaire de l'écologie et de proposer un nouveau contrat social. Nous éviterons ainsi au maximum les termes techniques qui bien souvent perdent les lecteurs.

Cet essai propose ainsi une analyse multi-dimensionnelle, mais certainement pas exhaustive, de l'écologie et de ses enjeux. En effet, l'humanité a toujours entretenu avec la nature une relation complexe et souvent contradictoire (**Chapitre 1**). Les systèmes idéologiques du XXe siècle sont symptomatiques de cette relation et n'ont pas su relever le défi écologique (**Chapitre 2**). C'est ainsi que l'écologie politique se présente comme une troisième voie, offrant une alternative aux modèles économiques traditionnels (**Chapitre 3**). Son avènement nécessite de gagner la bataille de

---

[3] Sur ce sujet, je vous conseille l'ouvrage Une autre fin du monde est possible de Pablo Servigne, Raphaël Stevens et Gauthier Chapelle.

l'imaginaire culturel afin de renouveler nos paradigmes de pensée (**Chapitre 4**), de dépasser les cadres actuels pour construire une écologie populaire, à la fois inclusive et ancrée dans les préoccupations quotidiennes des citoyens (**Chapitre 5**) et d'agir en tant que citoyen à toutes les échelles possibles (**Chapitre 6**).

Chapitre 1 : Un rapport ambivalent à la nature

Billy la grenouille dans la même position que « Le Voyageur contemplant une mer de nuages » de Caspar David Friedrich, 1818.

Depuis des millénaires, la relation entre les humains et leurs écosystèmes fut parsemée d'une succession de « je t'aime, moi non plus ». Tantôt la nature était une déesse somptueuse et nourricière, tantôt un monstre dangereux à dompter. Qu'il la contemple ou la combatte, dans la culture occidentale, l'Homme s'est longtemps considéré comme étant en dehors de la nature. Elle est autour de nous : elle nous environne. L'étymologie du terme *environnement* démontre cette perspective anthropocentrée. Provenant du préfixe grec *en*, signifiant *dans*, et du latin *virare* dérivé du grec *gyros*, signifiant *tour*. L'environnement est donc ce qui est autour, ce qui entoure l'homme. Cela nous a amené à la distinction théorique et philosophique entre nature et culture. Toute production humaine serait alors culturelle, au point d'en oublier parfois nos conditions biologiques naturelles.

Cela étant, une révolution conceptuelle d'une importance Copernicienne est désormais à l'œuvre. L'humain se rend progressivement compte qu'il fait partie intégrante de la nature, en témoigne le fameux slogan écologiste « Nous ne défendons pas la nature, nous sommes la nature qui se défend ». L'Homme n'est plus un acteur externe au sein d'un environnement mais un être biologique dépendant de son écosystème.

Cette dualité dans notre rapport aux organismes vivants s'illustre également par les regards croisés en leur temps de Descartes et de La Fontaine. Quand Descartes compare les animaux à des machines - en prenant notamment l'exemple des hirondelles qui seraient seulement des horloges mécaniquement programmées pour revenir chaque année à la même période au même endroit - La Fontaine rétorque que le philosophe n'a jamais dû voir d'hirondelle de sa vie, ni même observé d'animaux pour ignorer à ce point leur sensibilité.

Une nature à protéger de la prédation de l'Homme

Notre imaginaire est profondément influencé par ce double rapport à la nature. Dans la Bible, l'Homme, dénué de tout avantage physique, doit user de sa raison pour survivre aux attaques de la nature. L'homme est ainsi condamné à dominer et assujettir la nature : « Dieu les bénit, et Dieu leur dit : Soyez féconds, multipliez, remplissez la terre, et l'assujettissez ; et dominez sur les poissons de la mer, sur les oiseaux du ciel, et sur tout animal qui se meut sur la terre. »[4].

Cette vision anthropocentrique illustre l'incapacité historique de l'homme à reconnaître sa place de membre à part entière de son écosystème. La domination de l'Homme sur son environnement est ici justifiée par l'hostilité du monde extérieur. Dès lors qu'il le maîtrise, il en devient le propriétaire et est prêt à tout pour le rester. L'environnement devient son jouet qu'il utilise, abîme et casse selon son bon vouloir. La dégradation de l'environnement n'est même plus une externalité négative ou une conséquence malheureuse, mais bien une caractéristique intrinsèque de son exploitation.

Michel Serres le résume ainsi : « à l'imitation de certains animaux qui compissent leur niche pour qu'elle demeure à eux, beaucoup d'hommes marquent et salissent en les conchiant, les objets qui leur appartiennent pour qu'ils restent leur propre... »[5].

---

[4] Bible (n.d.). *Genèse* 1 : 28.
[5] Serres, M. (2020). *Le contrat naturel.* Flammarion, page 79

La dégradation n'est pas seulement une conséquence des activités humaines mais bien un acte culturellement enraciné dans notre conception de la possession et du contrôle.

La nature est perçue ici comme un milieu hostile qu'il faut dominer et maîtriser pour survivre. De ce fait, nous avons non seulement adapté la nature à nos besoins, mais nous avons abusé de ses ressources au-delà même de nos besoins. Nous avons construit d'immenses métropoles pour chasser la faune et la flore le plus loin possible, nous avons bétonné et artificialisé les sols sans nous fixer de limite, déséquilibrant profondément les écosystèmes. L'homme fier et conquérant croit avoir réussi à vaincre la nature. En vérité, cette surenchère dans l'exploitation de la terre nous revient dorénavant en boomerang au point de mettre en péril l'humanité tout entière. Nos champs bourrés de néonicotinoïdes tuent les abeilles et autres insectes pollinisateurs à qui paradoxalement nous devons notre survie.

Cette vision d'une nature hostile et dangereuse, qui prévaut dans notre système économique actuel n'a pas toujours été partagée. Aristote, par exemple, ne faisait pas de distinction entre monde animal, monde végétal et monde des humains. La terre était vue comme un organisme vivant comme tel. Pour Carolyn Merchant, philosophe écoféministe et historienne, « Notre planète était pensée comme un corps vivant avec ses veines et ses fluides, ses tremblements et ses maladies. »[6].

---

[6] Carolyn Merchant citée dans Bonneuil, C., & Fressoz, J.-B. (2016). *L'événement Anthropocène, la Terre, l'histoire et nous.* Points., page 208

Déjà, Léonard de Vinci comparait l'eau au sang de la terre. Dans la même veine, si vous me permettez l'expression, Spinoza affirmait que l'Homme n'était pas « un empire dans un empire »[7]. Il utilisait cette métaphore pour démontrer que l'homme est régi par les mêmes lois physiques que les autres formes de vie et écosystèmes naturels dans un réseau complexe d'interactions. L'homme ne devrait donc pas exercer un contrôle absolu et arbitraire sur la nature, comme s'il était exempté des lois et des limites qui régissent l'univers. Par ailleurs, de nombreux peuples à travers le monde, comme les Amérindiens Hopi et Mapuches, les Inuits, les aborigènes d'Australie ou encore les Baka, pour ne citer qu'eux, ont toujours vécu en harmonie avec leur environnement tout en développant une forte connexion spirituelle avec celui-ci.

Le défi de l'Homme a donc été de prendre conscience qu'il n'était plus au centre de l'univers, mais bien un élément parmi tant d'autres. Il ne peut plus souhaiter tout posséder. Comme l'écrit George Sand, il doit cantonner son désir de consommation aux limites planétaires : « la rage de la possession individuelle doit avoir certaines limites que la nature a tracées. Arrivera-t-on à prétendre que l'atmosphère doit être partagée, vendue, accaparée par ceux qui auront le moyen de l'acheter ? »[8]. Ce besoin de tout posséder semble pourtant inhérent à notre

---

[7] Spinoza, B. (1913). *Éthique, démontrée suivant l'ordre géométrique et divisée en 5 parties*. Texte latin soigneusement revu. Traduction nouvelle, notice et notes par Ch. Appuhn, page 249

[8] Sand, G. (1873). *La forêt de Fontainebleau*. Dans Impressions et souvenirs. Michel Lévy frères, page 318.

espèce. Malgré toutes les bonnes volontés individuelles de rétablir l'équilibre des écosystèmes, l'être humain continue de fonctionner en société comme un parasite. Celui-ci se nourrit de son hôte (la planète) jusqu'à l'épuiser puis le tuer, et enfin dans un dramatique et absurde dénouement, mourir avec lui.

Protéger la nature et l'humanité passe donc par une résistance politique et juridique à ce comportement humain. Le philosophe et historien Michel Serres propose ainsi d'inscrire dans le droit, la notion de symbiose et de réciprocité. En effet, nous devrions rendre à la nature autant que ce que nous lui prenons : « Le parasite prend tout et ne donne rien ; l'hôte donne tout et ne prend rien. Le droit de maîtrise et de propriété se réduit au parasitisme. Au contraire, le droit de symbiose se définit par réciprocité. »[9]. En reconnaissant la nature comme un sujet de droit, nous nous engageons à maintenir un équilibre. Ainsi, par une attitude symbiotique fondée sur la réciprocité et le respect, ce que nous prenons est compensé par ce que nous rendons.

Ce droit de maîtrise et de propriété dont parle Michel Serres n'est cependant pas le seul facteur de destruction écologique. Car à l'inverse, la non-propriété, et plus généralement l'absence de régulation, engendre un phénomène tout aussi inquiétant. L'environnementaliste Garrett Hardin la dénomme « la tragédie des biens communs »[10]. Les espaces communs (dont personne n'est propriétaire) se dégradent et les usagers se rejettent le

---

[9] Serres, M. (2020). *Le contrat naturel*. Flammarion, page 88.
[10] Hardin, G. (1968). *The Tragedy of Commons*. The Science Review.

coût relatif de leur entretien en vertu de la théorie économique du passager clandestin (nous avons rationnellement intérêt à profiter d'un produit ou service collectif sans en assumer le coût). Il démontre que l'usage de terres communales aboutit à l'appauvrissement des paysans. Chaque paysan a intérêt à mettre le plus de vaches possibles sur les terres communales mais il contribue ainsi à la surutilisation des terres. Ainsi, le rendement laitier par tête diminue, perte qui se fait aux dépens de tous les paysans. Ainsi, la somme des intérêts individuels ne conduit pas à l'intérêt général, mais à l'inverse, à la ruine générale. L'absence de propriété et de régulation de l'utilisation de l'espace, empêche ici la bonne allocation des ressources.

Par conséquent, faire la guerre à la nature n'est pas notre salut, mais notre expiation. Des millénaires de domination nous ont entraînés vers un point de non-retour. Partout où l'homo sapiens est passé, il a détruit la faune et la flore. Comme le souligne Yuval Noah Harari dans *Sapiens : Une brève histoire de l'humanité*, l'étude des fossiles démontre que l'arrivée des hommes préhistoriques il y a plusieurs dizaines de milliers d'années sur le continent australien a été suivie d'une extinction massive de la mégafaune et de la flore endémiques (Diprotodon, Megalania prisca, Thylacoleo, Procoptodon...)[11].

---

[11] Society of Vertebrate Paleontology. (2015, October 29). *Early humans linked to ancient Australian extinction*. ScienceDaily. https://urlr.me/JGfSdv

L'Homme a survécu et s'est progressivement hissé en haut de la chaîne alimentaire en colonisant les espaces et en livrant une bataille acharnée à la biodiversité.

Nous devons dorénavant vivre avec les conséquences des actes climaticides de nos ancêtres (et de nos contemporains) et tenter de limiter au maximum nos externalités négatives en prenant une grande bifurcation. Nous ne pouvons plus arrêter le grand réchauffement, mais nous pouvons encore le limiter et adapter la société à y faire face. Comme l'affirmait déjà Cécile Duflot en 2015 : « Pendant des années, nous avons pensé que nous pourrions prévenir la menace, l'anticiper et l'atténuer ; aujourd'hui tous les experts climatiques nous invitent à penser l'adaptation de nos sociétés au dérèglement climatique sans pour autant aggraver la situation. »[12]. Au-delà de limiter les dérèglements, nous ne pouvons plus éviter complètement certains effets du changement climatique, et devons donc nous pencher sérieusement sur l'adaptation à un monde à (minimum) plus deux degrés.

---

[12] Duflot, C. (2015). *Le grand virage*. Les Petits Matins, page 95.

L'entrée dans l'ère de l'anthropocène

Les outils mesurant l'évolution du climat s'affinent et calculent bien plus précisément les conséquences de notre inertie politique. Ainsi, en juillet 2019, une étude menée par une équipe d'océanographes et de glaciologues publiée dans la revue américaine *Science* mettait en exergue que la fonte des glaciers de marée était cent fois plus rapide que prévue car la fonte des glaces sous l'eau, par un phénomène de fusion ambiante, n'avait jusqu'alors pas encore été concrètement mesurée[13]. En outre, chaque nouvelle version du projet d'inter comparaison des modèles couplés (*Coupled model intercomparison project* - CMIP) réévalue le réchauffement global. Ce projet consiste à coordonner les simulations climatiques des groupes de recherches internationaux. Il permet d'estimer toujours plus précisément le rôle de l'homme dans le réchauffement. Finalement, le CMIP6 prévoit ainsi un réchauffement global de 3,9 degrés pour un doublement de la quantité de CO_2 dans l'atmosphère, soit 0,6 degrés de plus que les estimations de CMIP5.

Aujourd'hui, il devient de moins en moins complexe de déterminer les causes et conséquences scientifiques du réchauffement d'origine anthropique. On est capable d'estimer scientifiquement l'augmentation de la température en fonction du taux de CO_2 dans l'atmosphère, la fonte des glaciers liée à l'augmentation de température, la montée des eaux liées à la fonte des glaciers. En revanche, il est plus complexe pour les sciences sociales de prévoir précisément l'avenir des sociétés au travers des actions humaines.

Or, le devenir de la biodiversité, l'accumulation de plastique, la montée des océans, l'accroissement des inégalités sont tout

---

[13] Sutherland, D. A., et al. (2019). Direct observations of submarine melt and subsurface geometry at a tidewater glacier. Science, 365, 369-374. https://doi.org/10.1126/science.aax3528

autant conditionnés par l'action humaine. Nous pouvons conjecturer sur l'avenir si rien n'est fait. En revanche, la prévision de l'action humaine n'est qu'une probabilité. Il se peut que demain, l'humanité s'engage radicalement dans un processus de transformation écologique. Il se peut aussi que nous restions ankylosés dans nos habitudes (comme Billy la grenouille) et incapables d'impulser le moindre changement. L'emballement est finalement difficilement prévisible. Je ne serai donc pas de ceux qui prédisent l'effondrement de la civilisation d'ici 10 ans, 15 ans ou 50 ans parce que, d'une part, je ne suis pas historien du futur et d'autre part, je crois en l'incroyable capacité d'adaptation de l'espèce humaine.

Nous avons désormais tant modifié notre environnement que nous en laissons les traces géologiques. Cela a conduit Paul Crutzen à affirmer dans un colloque « Non ! Nous ne sommes plus dans l'Holocène, mais dans l'Anthropocène ! »[14]. L'Holocène est l'époque géologique dans laquelle nous vivons depuis environ 11 700 ans, caractérisée par un climat relativement stable et favorable au développement de la civilisation humaine moderne. Le terme Anthropocène, proposé par Paul Crutzen et d'autres chercheurs, reflète l'idée selon laquelle l'activité humaine a commencé à avoir un impact géologique significatif sur la Terre, comparable voire surpassant les forces naturelles. Ces changements entraînent des répercussions profondes sur les cycles biogéochimiques, le climat, la biodiversité et même sur

---

[14] Paul Crutzen, cité dans Bonneuil, C., & Fressoz, J.-B. (2016). *L'événement Anthropocène, la Terre, l'histoire et nous*. Point, page 17

la géologie. Quand bien même l'Homo Sapiens était déjà responsable d'extinctions de masse il y a des dizaines de milliers d'années, notamment lors de la conquête de l'Australie et de l'Amérique ou de l'extinction du Quaternaire[15], c'est davantage lors de la révolution industrielle que l'homme a bouleversé de manière inédite son environnement et le climat planétaire.

La terminologie d'Anthropocène peut cependant être perçue comme dépolitisée car elle met l'accent sur l'humain en tant qu'être biologique, et non en tant qu'être « industriel » faisant partie d'une société productiviste. Car c'est bien l'avènement de l'industrialisation qui nous a fait basculer dans l'Anthropocène. Le mot « Anthropocène » met, en effet, l'accent sur les changements environnementaux et géologiques causés par l'activité humaine, sans mettre en lumière les facteurs socio-économiques, politiques et culturels qui sous-tendent ces changements. Les êtres humains ne sont pas responsables de la même manière du grand réchauffement : les Inuits, les Bakas ou les Amérindiens précédemment cités, n'avaient strictement rien demandé.

L'économiste Benjamin Coriat utilise ainsi plutôt le terme de capitalocène. Ce mot met au centre de la problématique écologiste le système capitaliste : « Selon cette vision des choses l'anthropocène est un "capitalocène", au sens où c'est le mode de développement imposé à "l'humanité" par le capital et ses

---

[15] Harari, Y. N. (2015). *Sapiens : Une brève histoire de l'humanité*. Albin Michel.

opérateurs qui est au cœur de l'explication des destructions constatées et de l'entrée dans un nouvel âge géologique. »[16]. L'activité destructrice n'est, en effet, pas seulement le fait de l'humain en tant qu'espèce, mais d'un système dans son ensemble. « La notion de capitalocène [...] met en lumière que l'état de dégradation dans lequel on est arrivé n'est pas lié à une "humanité"– hypostasiée et non définie – mais à une humanité bien particulière, organisée par un système économique prédateur. »[17]. La notion de Capitalocène a donc le mérite de souligner comment les mécanismes économiques du capitalisme ont conduit à une exploitation accrue des ressources naturelles, à une dégradation de l'environnement et à des inégalités croissantes. Coriat appelle donc à changer structurellement de modèle de société pour répondre à la crise écologique. Les systèmes économiques sont des inventions culturelles qui définissent la manière dont l'homme peut transformer et utiliser les ressources naturelles afin de produire des richesses et les distribuer aux individus pour répondre à leurs besoins.

Pour approfondir cette notion de Capitalocène et comprendre d'où l'écologie politique est née, jetons un œil, tour à tour, à deux des systèmes économiques éprouvés depuis la révolution industrielle : le capitalisme et le communisme.

---

[16] Les Économistes Atterrés. (2020). *SARS2 et Anthropocène : significations et enjeux pour la politique publique.* Mediapart. https://urlr.me/mW5CaP

[17] Benjamin Coriat, cité dans Orange M. (2020*). L'âge de l'anthropocène, c'est celui du retour aux biens communs*, Media citoyen. https://urlr.me/CmfDSr

Chapitre 2 : Le cimetière des illusions

On résume souvent la pensée économiste moderne par la formation de deux idéologies : le communisme et le capitalisme. Les différentes puissances mondiales ont, en effet, expérimenté de nombreuses approches économiques fondées sur ces deux idéologies qui ont longtemps structuré et divisé le monde politiquement, notamment durant la guerre froide. Or, l'exercice du communisme ou du capitalisme a démontré l'échec de ces idéologies quant à l'intégration dans leur pratique d'une vision alternative du vivant. Depuis le siècle dernier, nous n'avons jamais autant déréglé nos écosystèmes. La question désormais n'est plus de choisir l'une ou l'autre, mais d'être capable d'identifier les dérives et limites de ces modèles pour porter un nouveau projet de société.

Sans aller dans le détail, le capitalisme se caractérise principalement par une organisation économique où la propriété privée des moyens de production permet à une minorité de capitalistes d'accumuler du capital. Ce système repose sur la libre entreprise et la concurrence sur le marché. Les capitalistes investissent leur capital dans la production de biens et de services dans le but de réaliser des profits.

Le communisme, quant à lui, se présente comme une alternative radicale au capitalisme. Inspiré par les idées de Karl Marx, le communisme préconise la collectivisation des moyens de production, leur détention et leur gestion par l'État au nom du peuple souverain. L'objectif est d'éliminer les inégalités économiques en garantissant une distribution plus équitable des richesses. Cependant, elle implique également une forte centralisation du pouvoir politique et économique entre les mains de l'État, limitant ainsi les libertés individuelles et entrepreneuriales au profit de la planification centrale.

Le capitalisme favorise l'initiative individuelle et l'innovation mais encourage la dérégulation au nom du libre marché, ce qui accroît les inégalités. En revanche, le communisme ambitionne d'assurer une justice sociale en abolissant les classes économiques, mais peut aboutir à une bureaucratisation excessive et à des formes de contrôle étatique envahissantes.

Ces deux systèmes ont profondément influencé l'histoire politique et économique du monde moderne. L'art de la politique, jusqu'à présent, était de trouver un équilibre entre ces deux visions, mais sans remettre en cause notre modèle de production ni questionner notre rapport aux écosystèmes naturels.

Critique du communisme productiviste

En 1941, Maurice Thorez, déclare à Waziers « produire [...], c'est aujourd'hui la forme la plus élevée du devoir de classe »[18]. Pour Maurice Thorez, à la tête du Parti communiste français (PCF) dans les années 1930 et 1940, l'augmentation de la production est indispensable pour satisfaire les besoins matériels de la population et améliorer les conditions de vie de la classe ouvrière. En bref, produire plus, pour ensuite répartir mieux. L'objectif est aussi de démontrer la supériorité du système communiste sur le système capitaliste. L'URSS, par la mise en avant du stakhanovisme est un exemple frappant de cette mise en application de l'idéologie productiviste avec ses plans quinquennaux d'industrialisation et ses grands projets d'infrastructures.

Dans l'ouvrage Ecologie et liberté, André Gorz, sous le pseudonyme de Michel Bosquet, écrit : « le socialisme ne vaut pas mieux que le capitalisme s'il ne change pas d'outils. »[19]. Par cette seule phrase Gorz résumait l'incapacité du socialisme et du communisme des années d'après-guerre à sortir du modèle productiviste d'exploitation des ressources. Car, orienter ses efforts vers le productivisme, même dans un objectif final de partage des richesses, ne rompt indubitablement pas avec le logiciel capitaliste. Passer du système capitaliste au socialisme

---

[18] Lazar, M. (1990). *Damné de la terre et homme de marbre. L'ouvrier dans l'imaginaire du PCF du milieu des années trente à la fin des années cinquante.* Annales. Économies, Sociétés, Civilisations, 45(5), page 1082.
[19] Bosquet, M. (1977). *Écologie et Liberté.* Galilée, page 35.

sans remettre en question les modes de production, la structure du travail et les dynamiques de consommation ne remettra pas réellement en cause nos manières de vivre.

Ivan Illich, également d'inspiration Marxiste, souhaitait le démontrer en affirmant que : « le planificateur socialiste rivalise avec le chantre de la libre entreprise, pour démontrer que ses principes assurent à une société le maximum de productivité. La politique économique socialiste se définit bien souvent par le souci d'accroître la productivité industrielle de tout pays socialiste. »[20]. Nonobstant son opposition au capitalisme sur la question de la propriété des moyens de production, le communisme tend ainsi à adopter des politiques économiques qui visent à accroître la productivité industrielle de manière similaire à celles des économies capitalistes.

Ainsi, malgré leurs prétentions idéologiques divergentes, le communisme, dans sa pratique, peut souvent adopter des stratégies économiques et industrielles qui ne diffèrent pas fondamentalement de celles du capitalisme. Ivan Illich va même plus loin, car, selon lui, « les socialistes sont devenus les défenseurs sans scrupules du monopole industriel. »[21]. Il pointe de la sorte la contradiction entre les idéaux socialistes de justice sociale et les pratiques économiques concrètes qui conduisent à la concentration du pouvoir économique entre les mains d'un petit nombre d'entités industrielles. Illich suggère que, dans leur quête

---

[20] Illich, I. (2014). *La convivialité*. Points, page 49
[21] *Ibid.*, page 135

de modernisation économique et de développement industriel, les régimes socialistes reproduisent des structures de pouvoir centralisées et des inégalités économiques similaires à celles observées dans les économies capitalistes.

Pour Illich, les deux systèmes peuvent ainsi conduire aux mêmes résultats en termes de concentration du pouvoir économique et d'exploitation des ressources naturelles. Il critique ainsi la poursuite aveugle de la productivité industrielle comme objectif central des politiques économiques, qu'elles soient capitalistes ou socialistes, en mettant en garde contre les conséquences sociales et environnementales de cette quête infinie de croissance économique.

Cette perte de foi envers les modèles communistes autodéclarés s'illustre aussi par l'ouvrage au titre provocateur, voire blasphématoire pour certains, *Adieux au prolétariat* d'André Gorz en 1980. Beaucoup ont mal compris cet ouvrage de Gorz et ont cru qu'il faisait littéralement ses adieux aux prolétaires. Il disait plutôt adieu à la grande théorie du prolétariat devenue inadaptée à une société qui n'était désormais plus polarisée uniquement autour des ouvriers et des bourgeois. *Adieux au prolétariat* annonce une véritable rupture avec les conceptions classiques du marxisme et du socialisme, qui plaçaient le prolétariat au centre de la lutte révolutionnaire et de la transformation sociale.

Gorz remet en question l'idée que la classe ouvrière traditionnelle, en qualité de force motrice du changement social, continue de jouer ce rôle de manière efficace dans un monde de plus en plus automatisé et tertiaire. Il propose alors une critique du productivisme et du capitalisme technologique, mettant en avant des modèles alternatifs comme le revenu universel et l'autolimitation volontaire de la croissance économique. Dans cet ouvrage, il explore la possibilité d'un dépassement des catégories traditionnelles de classe pour une conception plus large de l'émancipation individuelle et collective. En annonçant *Adieux au prolétariat*, Gorz ne nie pas l'importance des luttes ouvrières passées ni des injustices économiques. Il propose, à l'inverse, une réflexion sur de nouvelles formes d'organisation du travail et sur les conditions de possibilité d'une société post-industrielle plus juste et plus égalitaire.

Dans un autre registre, Herbert Marcuse, philosophe de l'école de Francfort proche aussi de la pensée marxiste, alertait sur les dérives potentielles des mouvements communistes. Selon lui, la pratique du communisme pouvait aboutir à une nouvelle forme d'aliénation et de répression en mettant en péril les libertés individuelles. Il mettait également en exergue le risque de dérive autoritaire et bureaucratique des régimes communistes, qui, pour garder le pouvoir, s'éloignaient systématiquement de leurs idéaux initiaux.

Pour Jacques Ellul, il était également important de se méfier de toutes idéologies immuables, de la « pensée fossilisée ». Celle-ci nous contraint à expliquer le monde par un raisonnement dépassé et inadapté aux sociétés actuelles. Il nous enjoignait alors à dépasser le dogmatisme, la tradition aveugle, le conservatisme et l'inertie intellectuelle pour réévaluer notre pensée politique à la lumière des nouvelles réalités et des nouveaux défis de notre temps.

Au siècle dernier, mais également de nos jours, certains pays se réclamant du modèle communiste sont représentatifs des craintes de Gorz, Illich et Marcuse. Ces derniers nous mettaient en garde contre les dangers de systèmes politiques et économiques qui négligent les limites planétaires et les besoins réels des populations. Malgré les aspirations socialistes à la redistribution des richesses, ces systèmes ont souvent échoué non seulement sur le plan environnemental, mais aussi économique et social, contribuant à une pauvreté massive et persistante.

Prenons l'exemple du Venezuela en quelques chiffres clés. En 2019, 9,3 millions de Vénézuéliens étaient en situation d'insécurité alimentaire. En 2021, 37,3 % des femmes enceintes aidées par l'UNICEF souffraient de malnutrition. Environ 90,2 % de la population manque d'accès régulier à l'eau et le pays subit des épidémies de maladies infectieuses comme la rougeole, la diphtérie et le paludisme. En 2022, le salaire minimum mensuel est de 130 bolivars, soit l'équivalent d'à peine 3 €, quand le coût du panier alimentaire de base est de 430 € par mois.

Les régimes communistes ont souvent reposé sur une économie centralisée et une planification rigide. Au Venezuela, la dépendance excessive aux revenus pétroliers a créé une économie rentière très vulnérable aux fluctuations du marché mondial du pétrole. Lorsque les prix du pétrole ont chuté, comme cela s'est produit dans la décennie des années 2010, l'économie vénézuélienne s'est totalement effondrée, aggravant encore la pauvreté et les inégalités. La concentration du pouvoir économique et politique entre les mains du gouvernement a également favorisé la corruption et le clientélisme. Les politiques de nationalisation et de contrôle étatique des industries ont d'ailleurs conduit à une gestion totalement inefficace des ressources.

Ce cocktail explosif a entraîné l'une des plus grandes crises humanitaires mondiales, une inflation de 1 370 000 % en 2018 selon le FMI[22], des pénuries alimentaires et médicales, ainsi qu'une migration massive de la population. Depuis 2015, plus de 7,7 millions de Vénézuéliens ont quitté le pays et 19,7 millions de personnes nécessitent une aide humanitaire car malgré une possible fin de l'hyperinflation, les pénuries de nourriture et de biens essentiels persistent. Jusqu'à 70 % des enfants ne vont pas régulièrement à l'école et plus de 15 % ont un retard scolaire important en 2019. L'exode de masse a causé une pénurie de

---

[22] Les Échos. (2019). *Le Venezuela toujours miné par une inflation titanesque*. Les Échos. https://urlr.me/CsExhB

personnel éducatif avec 200 000 enseignants ayant quitté le pays depuis 2017.[23]

La crise sociale et économique profonde du Venezuela relègue les enjeux environnementaux au second plan, ce qui génère des crises écologiques majeures dans le pays.

---

[23] European Civil Protection and Humanitarian Aid Operations. (2023, March 17). Venezuela. https://urlr.me/Cxg7ZR

Le lac de Maracaibo en est l'un des symboles les plus frappants. Le plus grand lac d'Amérique latine est actuellement gravement menacé par une pollution croissante due aux déchets, aux eaux usées, aux pesticides mais surtout au pétrole. Cette zone, au cœur de l'industrie pétrolière du Venezuela, subit les conséquences directes de la mauvaise gestion et de la corruption au sein de *Petróleos de Venezuela SA* (PDVSA). La contamination par les hydrocarbures a rendu la pêche impossible pour les 3000 pêcheurs locaux et la situation est exacerbée par l'absence de mesures environnementales efficaces.

En 2023, le lac est devenu vert fluo à cause d'une cyanobactérie. Ce micro-organisme s'est développé à cause de l'excès de nutriments dans le lac. La dégradation de Maracaibo, autrefois florissante, reflète bien l'indifférence du gouvernement, pourtant auto-proclamé de gauche, envers les problématiques environnementales.

Les dérives du capitalisme libéral

Dans les médias traditionnels et plus généralement au cœur de notre société de consommation, on vante souvent les mérites d'un capitalisme qui a réduit l'ultra-pauvreté dans le monde. La main invisible aurait permis une organisation optimale des ressources par la recherche de l'intérêt individuel. Or, comme évoqué précédemment, la somme des intérêts individuels forme rarement un intérêt général. C'est d'ailleurs une spécificité anglo-saxonne, inspirée par Adam Smith, de considérer l'intérêt général comme l'agrégat de l'ensemble des intérêts particuliers. En France, plutôt inspirés par Jean-Jacques Rousseau, nous définissons l'intérêt général comme une émanation de la volonté des citoyens qui dépasse chaque individu.

Dès l'origine nous savions que les conditions du marché parfait ne pouvaient être réunies et que les théories économiques libérales n'étaient pas totalement applicables à nos sociétés humaines. Nous avons fait semblant de ne pas savoir et nous sommes cachés derrière ce mensonge originel. Nous avons organisé le mal développement et adopté la chimère de la concurrence économique libre. Où est l'honnêteté intellectuelle lorsque l'on prétend qu'un marché est libre et juste lorsqu'il met en concurrence des pays qui n'ont pas le même taux d'imposition ou les mêmes normes sociales et environnementales. A titre d'exemple, les agriculteurs français soumis à des normes strictes en matière de protection de l'environnement et de bien-être animal doivent concurrencer sur le marché mondial (et même européen) des producteurs qui cultivent dans des pays où les réglementations sont beaucoup moins contraignantes, les coûts de production plus faibles et les normes environnementales souvent ignorées. Cette concurrence inégale entraîne une pression énorme sur nos agriculteurs. Ils peinent à rivaliser avec des biens importés moins chers mais produits dans des conditions moins rigoureuses. C'est la raison pour laquelle il serait logique d'appliquer des clauses miroirs. Cela consiste à imposer des normes de production équivalentes pour les biens importés et ceux produits localement, ce qui permettrait d'offrir un traitement plus égalitaire et plus juste à nos producteurs locaux et ainsi de favoriser la production locale.

Plutôt qu'un générateur de prospérité, le libéralisme économique mondialisé est ainsi devenu un catalyseur d'inégalités sociales. Pour René Dumont, et son sens de la formule inégalé, les bidonvilles représentent « les goulags du monde capitaliste entourés des barbelés de la misère »[24]. La société capitaliste impose subtilement (voire souvent explicitement) au salarié de glorifier le travail. Un bon salarié est un salarié dévoué à sa « boîte ». Il ne compte pas ses heures, arrive tôt et part tard. Il fait tout pour être bien vu, pour avoir une meilleure carrière, pour se sentir plus prestigieux, pour gagner un meilleur salaire. Il travaille plus, toujours plus et dilapide son temps. Serge Latouche le

---

[24] Besset, J.-P. (1994). *René Dumont, une vie saisie par l'écologie*. Pocket, page 341

résume ainsi : « Pour les Modernes, le bonheur est finalement indissociable de l'argent »[25].

Nous aurions pu, le siècle dernier prendre une tout autre direction. La crise des années 1930 a provoqué une forte montée du chômage et une récession économique mondiale. En réponse, les syndicats et mouvements ouvriers militent pour la réduction du temps de travail afin de partager l'emploi disponible entre un plus grand nombre de travailleurs et améliorer la qualité de vie. Aux États-Unis, en 1932, *l'American Federation of Labor* revendiquait la semaine de 30 heures, même si cela entrainait une réduction de salaire. Une loi en ce sens a été adoptée par le Sénat américain en avril 1933, bien que finalement rejetée par la Chambre des représentants[26]. Il y avait un réel mouvement en faveur de la réduction du temps de travail, perçu comme une solution viable pour surmonter la crise économique.

Or, au lieu de réduire le temps de travail de manière substantielle, les économies occidentales ont progressivement orienté leurs politiques vers l'augmentation de la productivité et la croissance économique au détriment des conditions de travail. Par conséquent, l'idéal de réduction du temps de travail a été supplanté par une culture de travail intensif et d'accumulation de richesse matérielle.

---

[25] Latouche, S. (2020). *L'abondance frugale comme art de vivre : Bonheur, gastronomie et décroissance*. Editions Payot & Rivages, page 18
[26] Cross, G. (1993). *Time and Money: The Making of Consumer Culture*, pages 82-84.

Cependant, ce système est aujourd'hui à l'agonie, il ne fait plus rêver et évoque majoritairement des images négatives dans l'opinion publique. En 2021, le baromètre de l'économie réalisé par Odoxa révèle que 62% des Français ont une opinion négative du capitalisme. La question à se poser est la suivante : préférons-nous la survie de l'humanité ou celle du système ?

Car nous nous dirigeons inexorablement vers une sortie du capitalisme. Pour ne pas vivre ce processus de manière brutale, il est préférable de l'accompagner sur le long cours. Nous ne parlons pas ici de « l'effondrement des gens et des bâtiments, mais des relations de pouvoir qui ont transformé les humains et le reste de la nature en objets mis au travail gratuitement pour le capitalisme. »[27].

Cette sortie du capitalisme risque toutefois d'être subie, brutale et très violente. André Gorz affirmait déjà dans les années 1970 que nous nous dirigerions vers une économie de guerre avec notamment une obligation de rationner notre consommation. A nous de choisir la sortie du capitalisme qui nous convient : celle organisée et civilisée ou celle subie et barbare. Il n'est plus temps d'attendre et il nous faut envisager le défi climatique comme le pari de Pascal. « Si nous jugeons nos actions innocentes et que nous gagnons, nous ne gagnons rien, l'histoire va comme avant ; mais si nous perdons, nous perdons tout, sans préparation pour

---

[27] Jason W. Moore cité dans Malet, JB. (2019). *Un autre effondrement est possible*. Le Monde Diplomatique. https://www.monde-diplomatique.fr/60145

quelques catastrophes possibles. »[28]. En somme, en choisissant d'assumer notre responsabilité envers la nature, nous avons tout à gagner : soit nous réussissons à éviter les catastrophes, soit nous sommes mieux préparés à y faire face.

Accompagner cette sortie de la logique capitaliste passe tout d'abord par la transformation de notre rapport à la production et à la consommation. La logique actuelle est : transformons un maximum de matières premières en produits de consommation puis adaptons la consommation des citoyens à la production (via la publicité, le marketing et toutes les techniques modernes de vente, ...).

Si nous, citoyens, prenons conscience de la manipulation subie chaque jour, que nous ne jouons plus le jeu de cette société et arrêtons de surconsommer des produits inutiles, alors le système s'essoufflera de lui-même. Cette prise de conscience est la première étape, mais doit se traduire par des politiques publiques ambitieuses en ce sens. Alors, convaincu de faire le pari de l'écologie ?

---

[28] Serres, M. (2020). Le contrat naturel. Flammarion, page 32

Chapitre 3 : L'écologie politique, une troisième voie

N ous prenons progressivement conscience que la Terre est un vaisseau spatial avec des ressources limitées. Dès les années 1970, l'économiste Kenneth Boulding propose une inversion de la logique capitaliste en passant d'une économie du cow-boy à l'économie du cosmonaute : « Je suis tenté d'appeler l'économie ouverte "l'économie du cow-boy", le cow-boy étant symbolique des plaines illimitées [...]. L'économie fermée du futur pourrait, de la même manière, être appelée l'économie "du cosmonaute", au sein de laquelle la terre est devenue un vaisseau spatial unique, sans réservoirs illimités de quoi que ce soit. »[29].

Le cow-boy, symbole des plaines sans fin de l'Ouest américain, incarne une attitude imprudente et exploitante envers la nature. Cette métaphore illustre une approche économique où les ressources naturelles sont considérées comme infinies et disponibles pour une exploitation agressive sans considération pour les conséquences écologiques à long terme. Elle reflète une

---

[29] Traduction de *"I am tempted to call the open economy the "cowboy economy," the cowboy being symbolic of the illimitable plains and also associated with reckless, exploitative, romantic, and violent behavior, which is characteristic of open societies. The closed economy of the future might similarly be called the "spaceman" economy, in which the earth has become a single spaceship, without unlimited reservoirs of anything, either for extraction or for pollution, and in which, therefore, man must find his place in a 8 cyclical ecological system which is capable of continuous reproduction of material form even though it cannot escape having inputs of energy."* Dans Boulding, K. E. (1966). *The Economics of the Coming Spaceship Earth.* In H. Jarrett (Ed.), Environmental Quality in a Growing Economy (pp. 3-14). Resources for the Future/Johns Hopkins University Press.

mentalité de croissance économique sans limites, associée au développement industriel et à la consommation de masse. En contraste, Boulding propose l'analogie de « l'économie du cosmonaute » pour représenter une économie fermée ou circulaire. Ici, la Terre est vue comme un vaisseau spatial isolé, avec des ressources limitées et aucune possibilité de s'approvisionner ou de se débarrasser des déchets à l'infini. Dans cette vision, l'économie doit fonctionner de manière cyclique et circulaire, en recyclant continuellement les matériaux et en minimisant les déchets. Cela nécessite une gestion raisonnée des ressources en veillant à ce que les matières puissent être réutilisées tout en réduisant les impacts environnementaux au minimum.

La progressive conscientisation environnementale suscitée par la prolifération et la démocratisation de publications scientifiques a entraîné une mobilisation sans précédent de la société civile mondiale. Néanmoins, elle a curieusement contribué à un processus de dépolitisation du sujet. L'écologie s'est ainsi invitée dans toutes les discussions mais souvent dans une conception individualiste détachée du travail de conceptualisation politique amorcé au siècle dernier par Illich, Gorz ou Bookchin.

Il est ainsi important de mettre en lumière ce travail pour comprendre que l'écologie n'est pas née d'hier et qu'elle a une portée politique. D'après Fressoz et Bonneuil, « le problème du récit de l'éveil écologique, selon lequel notre génération serait la première à reconnaître les dérèglements environnementaux [...]

est [...] qu'il dépolitise l'histoire longue de l'Anthropocène. »[30]. En effet, en ignorant la conscience écologique des sociétés passées, le récit moderne retire de l'histoire ses dimensions politiques et conflictuelles et les choix politiques qui ont façonné notre relation avec l'environnement.

Cette vision apolitique ou apartisane de l'écologie est souvent défendue par les tenants d'un développement durable qui ne rompt pas réellement avec le système industriel actuel mais tente de trouver des moyens pour continuer d'exploiter la nature tout en prenant en compte sa capacité de régénération. Cet idéal de protection de la nature et de préservation des espèces ne renverse pas la logique d'exploitation et pourrait à tort nous faire croire que l'écologie est en dehors du champ économique et politique.

Or, le point de départ de l'écologie politique s'appuie sur une critique visionnaire des germes de la société de consommation perçue comme une négation de la liberté au sens de l'existentialisme sartrien. Je m'explique.

---

[30] Bonneuil, C., & Fressoz, J.-B. (2016). *L'événement Anthropocène, la Terre, l'histoire et nous*. Points, page 195

La société de consommation, une négation de la liberté au sens de l'existentialisme sartrien

« L'existence précède l'essence » affirmait Sartre. Autrement dit, l'individu naît avec des caractéristiques propres mais se construit graduellement à travers les décisions qu'il prend. L'existence du sujet prend ainsi le pas sur « son essence ». Toujours est-il qu'au sein de la société nous ne sommes pas complètement libres de nos décisions car la socialisation nous confine dans des rôles préétablis. Entendez par là que le sujet n'est plus sujet, il n'est plus qu'un autre parmi les autres. Contrairement à l'adage, si l'on suit la logique existentialiste, on pourrait donc affirmer que l'habit fait le moine. Devenir libre c'est donc s'affranchir de ce rôle, de cet habit.

C'est à travers l'influence de l'existentialisme sartrien qu'André Gorz posera les bases de l'écologie politique en France. Pour Sartre, notre liberté est compromise par les structures sociales et les rôles que la société impose aux individus. Ces derniers ont tendance à se conformer passivement aux attentes de la société pour fuir la responsabilité de leur propre liberté et de leur capacité à l'auto-détermination. Gorz s'inspire de cette critique de l'aliénation mais l'étend à la manière dont le système consumériste impose des désirs artificiels aux individus. Il critique l'illusion de liberté que le capitalisme crée en multipliant les « choix » de consommation. Selon lui, ces désirs de consommation sont, en fait, artificiellement produits par le système économique afin que les individus recherchent la satisfaction dans l'accumulation de biens matériels, ce qui les éloigne de leur véritable liberté.

Dans ce cadre, l'écologie politique de Gorz se positionne comme une lutte pour la reconquête de la liberté authentique en conscientisant cette double aliénation sociale et économique. Ainsi, de la dépossession de l'être théorisée par Sartre, naît la critique d'une société d'ultra-consommation, système de prédation qui n'a de raison d'être que sa propre survie. En cela, l'écologie politique a accompagné l'émergence d'une nouvelle théorie critique des besoins.

L'écologie politique n'est donc pas née du simple constat du dérèglement des écosystèmes biologiques, mais plus profondément de celui de l'absurdité d'un système économique de surconsommation qui, subséquemment, met en péril l'équilibre de nos vies et nos relations avec les êtres vivants. Les problématiques écologiques sont ainsi entendues comme conséquences directes de notre modèle productiviste. Il est donc illusoire de penser les régler sans s'attaquer sérieusement à leur source, c'est-à-dire au système qui les a produits. La nuance est capitale pour saisir la dimension régalienne dans laquelle se situe l'écologie politique et *de facto* sa légitimité à gouverner.

S'extirper du dogme de la croissance

Les étudiants en économie ont tous été bercés par la métaphore du gâteau. La richesse globale est un gâteau que l'on partage. Chacun s'accordait à dire, à droite comme à gauche, que la meilleure des solutions était de faire grossir le gâteau. C'était une manière imagée d'affirmer la nécessité d'une croissance économique afin que tout le monde puisse manger. Cependant, à force d'inviter des convives et de refuser la diminution des plus grosses parts, il arrive un moment où l'on est à court d'ingrédients. En effet, le gâteau, comme notre monde, est limité. Or, nous nous sentons aujourd'hui pieds et poings liés par la « croissance économique », à savoir l'augmentation du Produit Intérieur Brut (PIB). L'économiste Kenneth Boulding l'affirme avec humour : « Celui qui croit qu'une croissance infinie est possible dans un monde fini, est soit un fou, soit un économiste. »[31].

La Charte des verts mondiaux reconnaît à ce propos que « les modèles dominants de production et de consommation humaines, fondés sur le dogme de la croissance économique à tout prix et l'utilisation excessive et inutile des ressources naturelles sans tenir compte de la capacité de charge de la Terre, provoquent une

---

[31] Traduction de *"Anyone who believes that exponential growth can go on forever in a finite world is either a madman or an economist"* Kenneth E Boulding cité in *U.S. Congress, Energy Reorganization Act of 1973: Hearings*, Ninety-third Congress, First Session, on H.R. 11510. U.S. Government Printing Office, page 248

détérioration extrême de l'environnement et une extinction massive des espèces. »[32].

Or, nous sommes malencontreusement toujours dépendants de la croissance. A l'échelle micro-économique, pour qu'un actionnaire accepte de placer de l'argent, il doit avoir l'espoir d'une prise de valeur (financière et non réelle) de son actif. Une entreprise est donc condamnée à la croissance. Le patron d'une entreprise pour laquelle je travaillais nous disait systématiquement et à juste titre : « notre objectif c'est la croissance car une entreprise qui ne croît pas (du verbe croître et non croire) meurt ».

Pour résister à la concurrence, l'entreprise classique se sent donc obligée de continuellement « innover » sans pour autant créer forcément de valeur réelle pour le citoyen ou la société dans son ensemble. Ces innovations artificielles ne sont qu'un moyen pour l'entreprise de créer la rareté et l'exclusivité d'un produit et de le surfacturer aux consommateurs. Sa raison d'être n'est donc plus de créer un produit ou un service d'utilité publique mais de créer un besoin chez le consommateur pour gagner le marché face à ses concurrents.

Le domaine du luxe est le champion en la matière, mais le phénomène s'étend à l'ensemble des marques. Prenons l'exemple d'une marque de textile. Pour croître, elle est poussée à vendre

_____

[32] Préambule de la Charte des Verts Mondiaux - Global Greens Charter – French Translation (2019) - https://urlr.me/snRbYk

des habits à fortes valeurs symboliques (le logo de la marque et tout le marketing associé). Ces habits deviennent obsolètes très rapidement (là encore symboliquement grâce à la mode, mais aussi physiquement en dégradant volontairement la qualité du produit). Marcel Boiteux affirmait ainsi en 1972 : « Il y a belle lurette que l'on achète plus des habits mais de la mode ou de la respectabilité. Le public n'achète plus des produits mais des satisfactions, des significations... Dans ce nouveau contexte, l'essentiel est [...] d'inventer le service nouveau qui s'impose par son attrait, par les significations dont il est chargé : puissance, considération, sécurité, bon goût, bonheur. »[33].

Acheter un produit ne correspond donc plus seulement à l'assouvissement d'un besoin fonctionnel mais à la recherche de satisfactions identitaires et symboliques. Le produit devient un le symbole d'un statut, de pouvoir, de sécurité ou de bon goût. Certaines entreprises l'assument en expliquant ne plus vendre un simple produit, mais une expérience. Par exemple, Gucci a récemment lancé le Gucci Circolo, une expérience immersive dans le bâtiment du Duc Gallarati Scotti, offrant aux visiteurs un parcours à travers différentes salles révélant les codes de la maison et ses liens avec la musique, le cinéma et l'art. Cet espace permettait aux clients de découvrir et d'acheter une nouvelle

---

[33] Marcel Boiteux, directeur général d'EDF, devant l'Académie des sciences commerciales le 20 mars 1972, cité in Gorz, A. (2008). *Ecologica*. Galilée, page 93

collection de la marque tout en participant à des ateliers ludiques[34].

Les entreprises investissent ainsi désormais dans la création d'une valeur symbolique autour de leurs marques et de leurs produits. Les stratégies marketing des entreprises capturent ainsi non seulement les fonctionnalités des produits mais aussi les aspirations et les émotions des consommateurs.

On assiste donc à un retournement complet de la logique libérale originelle d'Adam Smith et de la main invisible. Le prix d'une marchandise est moins dépendant de son utilité substantielle, c'est à dire sa valeur d'usage, que de ses « qualités immatérielles »[35]. La valeur travail, au sens de Smith, correspondant initialement au rapport proportionnel entre le travail nécessaire pour produire une marchandise et son prix est donc décorrélé. La transition vers une économie où les qualités immatérielles prédominent reflète une société où les consommateurs accordent une valeur croissante à l'expérience globale d'utilisation d'un produit, ainsi qu'à son rôle dans la construction de leur identité sociale et personnelle. Cette évolution remet en question les fondements de l'économie de marché traditionnelle basée sur la valeur d'usage et la main invisible. Elle montre que les mécanismes de fixation des prix sont

---

[34] Giorgini, I. (2024, July 22). *Le parcours de vente expérientiel, l'inévitable investissement du luxe.* Luxury Tribune. https://urlr.me/vDftUA

[35] Gorz, A. (2008). *Ecologica.* Galilée, page 32

devenus plus complexes et influencés par des facteurs culturels, sociaux et émotionnels.

Dans la préface de l'ouvrage *La technique et la science comme "idéologie"* du philosophe issu de l'école de Francfort Jurgen Habermas, on peut lire : « Le mode de production capitaliste exige à titre permanent un renouvellement des techniques : c'est une contrainte institutionnelle à l'innovation »[36]. L'entreprise est ainsi littéralement obligée d'inventer des besoins aux consommateurs pour sa propre croissance et donc sa survie. Elle n'est plus au service du consommateur, c'est le consommateur et ses besoins virtuels qui sont au service de l'entreprise. Autrement dit, nous ne consommons plus pour vivre, nous vivons pour consommer.

Plus concrètement, le système économique capitaliste ne produit plus des biens et services pour satisfaire les besoins des citoyens mais produit des besoins nouveaux pour simplement continuer à exister. Pour vous le représenter, vous pouvez imaginer un hamster qui court dans sa roue, sans nulle autre raison que de la faire tourner.

---

[36] Habermas, J. (1990). *La technique et la science comme "idéologie"*. Gallimard, page 10 de la préface

Appréhender toute chose par la lorgnette de la croissance économique pousse ainsi les Etats à la privatisation et la financiarisation d'un maximum de services. Cette vision gestionnaire dépolitise toute action du gouvernement. La raison d'être de ce dernier n'est plus que de tenter de régler indéfiniment les crises et dysfonctionnements du système. Comme l'exprimait Habermas : « Dans la mesure où l'activité de l'État vise à la stabilité et la croissance du système économique, la politique prend un caractère négatif : elle oriente son action de façon à éliminer les dysfonctionnements, à éviter les risques susceptibles de mettre le système en danger, et non pas de façon à réaliser des finalités pratiques mais à trouver des solutions aux questions d'ordre technique. »[37]. Les politiques deviennent ainsi des gestionnaires technocrates de l'État moderne. Au lieu de chercher à atteindre des objectifs sociaux ou à répondre aux besoins pratiques des citoyens, l'État est davantage occupé à maintenir le fonctionnement technique et économique du système en place.

Sortons de cette politique négative et bâtissons une « Utopie concrète », comme l'affirme Ernst Bloch : « Sans l'hypothèse qu'un autre monde est possible, il n'y a pas de politique, il n'y a que de la gestion administrative des hommes et des choses ». La volonté écologique de s'extirper du dogme de la croissance n'indique pas une volonté absolue de décroître pour décroître. Elle signifie que nous ne souhaitons plus la considérer comme un indicateur de bien-être de la société.

Serge Latouche, l'un des premiers à avoir popularisé le terme de décroissance, l'explique ainsi : « La décroissance n'est donc pas au départ [...] le symétrique de la croissance. [...] Il ne doit donc pas être pris au pied de la lettre : décroître pour décroître serait aussi absurde que croître pour croître »[38]. D'après Latouche, la décroissance n'est pas une proposition visant à provoquer une

---

[37] Habermas, J. (1990). *La technique et la science comme "idéologie"*. Gallimard, page 40
[38] Latouche, S. (2020). *L'abondance frugale comme art de vivre : Bonheur, gastronomie et décroissance*. Editions Payot & Rivages, page 53

récession économique ou à promouvoir une croissance négative délibérée. Au contraire, c'est un slogan provocateur conçu pour susciter une réflexion profonde sur les limites de la croissance illimitée dans un monde fini. L'objectif principal de la décroissance, selon Latouche, est de nous faire retrouver le sens des limites écologiques, sociales et économiques. L'objectif n'est pas de décroître pour le plaisir de le faire, mais plutôt de réorienter nos sociétés vers des modes de vie qui respectent les équilibres écologiques tout en assurant notre bien-être.

John Stuart Mill, parle d'ailleurs d'un État stationnaire, ni croissant ni décroissant. Visionnaire, il disait : « si la Terre doit perdre une grande partie de l'agrément qu'elle doit à des objets que détruirait l'accroissement continu de la richesse et de la population [..] j'espère sincèrement pour la postérité qu'elle se contentera de l'état stationnaire longtemps avant d'y être forcée par la nécessité ».[39].

---

[39] John Stuart Mill cité dans *Bonneuil, C., & Fressoz, J.-B. (2016). L'événement Anthropocène, la Terre, l'histoire et nous.* Points, page 292

Se réapproprier les moyens de production pour auto-limiter nos besoins

L'industrialisation et la séparation des tâches nous ont éloignés du processus même de production des produits que nous consommons. Nous sommes devenus, selon les mots de Gorz, « une civilisation où on ne produit rien de ce qu'on consomme et ne consomme rien de ce qu'on produit [...] où la possibilité de l'autoproduction pour l'autoconsommation semble hors de portée et ridiculement archaïque - à tort »[40].

Avec l'association Graines Populaires, qui a pour ambition de faire émerger un discours populaire sur l'écologie, nous organisons notamment des ateliers pour faire nous-mêmes nos produits ménagers ou apprendre les bases de la couture. Nous sommes alors parfois moqués, car notre action serait peu de choses comparées aux pollutions des multinationales, voire culpabiliserait les citoyens qui se sentiraient seuls responsables des désastres climatiques. Certes, ce type d'action peut paraître risible, quand en 11 minutes, 4 milliardaires décident de faire un tour dans l'espace et ont une empreinte carbone supérieure à 75 tonnes de CO_2 soit davantage que les émissions de 30 Français moyens en un an[41].

---

[40] Gorz, A. (2008). Ecologica. Galilée, page 35
[41] Hammadi, A. (2021, July 20). Tourisme spatial : La course dans l'espace entre milliardaires est-elle polluante ? leparisien.fr. https://urlr.me/h4Dx3r

Cependant à travers ces ateliers, les citoyens découvrent que nous pouvons consommer autrement en produisant nous-mêmes des produits simples, en dehors de toute incitation marketing. Le prix correspond à la valeur d'usage du produit en ôtant les coûts superflus liés aux soi-disant caractéristiques spécifiques des marques. C'est une première étape vers un autre type de consommation. Lorsqu'un participant à nos ateliers brode des motifs sur son t-shirt, son rapport à l'objet est différent. Ce n'est plus un t-shirt jetable parmi d'autres.

Le succès de nos ateliers tient au fait que pour se démarquer, les entreprises sont obligées de trouver toujours plus de qualités superflues à vendre avec les produits. Or, l'explosion des coûts liés au marketing pour vendre toujours plus de contenu immatériel pèse tant sur les entreprises qu'elles incitent désormais paradoxalement à l'autoproduction. Cette logique doit nous inciter à produire à nouveau et relocaliser notre industrie. Cécile Duflot définit assez finement le terme de relocalisation ainsi : « stratégie économique basée sur la recherche de l'échelle la plus pertinente pour consommer des services ou des biens qui peuvent être produits à proximité. Elle vise à renforcer notre économie en valorisant les savoir-faire uniques qui résident dans nos territoires et qui sont une richesse nationale considérable »[42].

De cette théorie critique des besoins est apparue la nécessité de nous auto-limiter. L'écologie politique Gorzienne, qui critique de manière plus large le système de production en lui-même et la

---

[42] Duflot, C. (2015). *Le grand virage*. Les Petits Matins, page 61.

standardisation du monde qu'il implique est une philosophie de l'autolimitation où les citoyens définissent « l'étendue des besoins ou des désirs qu'ils souhaitent satisfaire et l'importance de l'effort qu'ils jugent acceptable de déployer »[43]. Cette recherche du suffisant est antinomique du système capitaliste actuel. Ce n'est toutefois pas indépassable et c'était la norme autrefois : « L'ouvrier ne se demandait pas combien puis-je gagner par jour si je fournis le plus de travail possible mais : combien dois-je travailler pour gagner les deux marks cinquante que je recevais jusqu'à présent et qui couvrent mes besoins courants »[44]. La rationalité économique ne s'applique pas lorsque les individus sont libres de déterminer leurs propres besoins et l'effort qu'ils fournissent. Dans cette liberté, les individus ont tendance à limiter leurs besoins pour réduire leur effort, ajustant cet effort en fonction d'un niveau de satisfaction jugé suffisant.

Le mouvement minimaliste est une des incarnations contemporaines d'autolimitation en proposant un mode de vie plus simple. En choisissant de posséder moins, les minimalistes remettent en question le lien entre bonheur et possession matérielle, prônant plutôt la satisfaction par la simplicité et l'essentiel. Ces derniers mettent l'accent sur la valeur des expériences et des relations humaines par rapport aux

---

[43] Gorz, A. (1992). *L'écologie politique entre expertocratie et autolimitation*. Actuel Marx, 12, 15–29. http://www.jstor.org/stable/45299519

[44] Gorz, A. (2023). I. *Du « ça me suffit » au « plus vaut plus »*. Dans Métamorphoses du travail. Critique de la raison économique (pp. 162-189). Gallimard. https://urlr.me/KvdejX

possessions matérielles. Ils cherchent à éliminer le superflu pour se concentrer sur ce qui est réellement important dans leur vie.

Nous pourrions résumer cette théorie de l'autolimitation des besoins ainsi : « Satisfaire le plus de besoins possibles avec le moins possible de travail, de capital et de ressources physiques »[45], l'idée étant de « réduire au minimum dans la vie de chacun ce qui a besoin

---

[45] Gorz, A. (2008). *Ecologica*. Galilée, page 96

d'être fait, que cela nous plaise ou non, et d'entendre au maximum la sphère de liberté, c'est-à-dire des activités autonomes, collectives ou individuelles, ayant leur but en elles-mêmes »[46].

---

[46] Gorz, A. (2008). *Ecologica.* Galilée, page 96

La convivialité comme objectif politique face à la tentation techniciste

Nous nous devons de nous questionner sur notre rapport à la technique et aux outils et, comme le propose Illich dans sa définition de la recherche radicale (radicale est ici à comprendre dans le sens étymologique du terme c'est-à-dire « racine »), d'effectuer une « analyse dimensionnelle de la relation de l'homme à son outil »[47].

En effet, l'un des principaux théoriciens de l'écologie politique Ivan Illich la définit comme tel : « Lorsqu'une activité outillée dépasse un seuil défini par l'échelle ad hoc, elle se retourne d'abord contre sa fin, puis menace de destruction le corps social tout entier. Il nous faut déterminer avec précision ces échelles et les seuils qui permettent de circonscrire le champ de la survie humaine. [...] Au stade avancé de la production de masse, une société produit sa propre destruction. La nature est dénaturée. L'homme déraciné, castré dans sa créativité, est verrouillé dans sa capsule individuelle »[48].

En résumé selon Illich, passé un certain seuil, l'utilisation d'un outil devient contreproductive. Afin d'appuyer son propos, il prend comme exemple l'usage de la voiture individuelle. Initialement la voiture permettait aux *happy-few* d'aller plus rapidement d'un point A à un point B qu'une personne en train, à

---

[47] Illich, I. (2014). La convivialité. Points, page 116
[48] *Ibid.*, page 11

cheval ou à pied. En revanche, ce modèle fonctionne seulement si l'usage de la voiture reste limité. Plus nous avons de voitures en circulation et moins on va vite. La voiture a ainsi un avantage comparatif seulement dans la mesure où la majorité ne l'utilise pas. L'industrialisation massive de ce moyen de déplacement a donc provoqué un dépassement du seuil d'utilisation de l'outil. Selon Illich toujours « L'Américain consacre, pour sa part, plus de 1500 heures par an à la voiture : il y est assis, en marche ou à l'arrêt, il travaille pour la payer, pour acquitter l'essence, les pneus, les péages, l'assurance, les contraventions et les impôts. Il consacre donc 4 heures par jour à sa voiture, qu'il s'en serve, s'en occupe, ou travaille pour elle [...] À cet Américain, il faut donc 1500 heures pour faire 10 000 kilomètres de route ; environ 6 kilomètres lui prennent une heure »[49]. Dans cet exemple, l'outil a dépassé un seuil remettant en cause son utilité intrinsèque.

Illich oppose ainsi outil dominant et outil convivial. « J'entends par convivialité l'inverse de la productivité industrielle. Chacun de nous se définit par relation à autrui et au milieu et par la structure profonde des outils qu'il utilise. Ces outils viennent se ranger en une série continue avec, aux deux extrêmes, l'outil dominant et l'outil convivial »[50]. Remettre en cause la productivité industrielle ne signifie pas ici revenir à la bougie : « La reconstruction conviviale suppose le démantèlement de l'actuel monopole de l'industrie, non la suppression de toute production industrielle »[51].

---

[49] Illich, I. (2014). La convivialité. Points, page 24
[50] *Ibid.*, page 28
[51] *Ibid.*, page 108

D'aucuns pensent également que la technologie peut nous sauver de tous nos maux. Or, cette idéologie positiviste et techniciste - qui consiste à croire que l'ensemble de nos problèmes ont une solution technique - est dangereuse vu le peu de temps dont nous disposons pour apporter des réponses politiques efficaces à la crise écologique : « Le positivisme est cette façon d'hypostasier la science au point d'en faire comme l'équivalent d'une nouvelle foi, donnant réponse à tout. Le technicisme aboutit à faire en quelque sorte fonctionner le savoir scientifique et plus encore la technique, qui en est l'application, en tant qu'idéologie et à en attendre des solutions pour la totalité des problèmes qui se posent à nous »[52].

Nous attribuons à la technique une autorité et une capacité presque divine à répondre à toutes les questions et à résoudre tous nos problèmes. Cette croyance dogmatique ignore les dimensions éthiques, politiques et sociales des problèmes contemporains. En focalisant exclusivement sur les solutions techniques, on risque de négliger les impacts à long terme sur l'humanité et sur l'environnement.

C'est la raison pour laquelle jusqu'à maintenant la technique n'a pas réussi à résoudre les problématiques relatives au réchauffement climatique. Vous me direz alors que les énergies renouvelables sont une solution technique qui ont permis de

---

[52] Habermas, J. (1990). *La technique et la science comme "idéologie"*. *Gallimard*, page 1 de la préface

baisser les émissions de CO_2. Or, c'est sans compter par exemple sur l'effet rebond. L'effet rebond, également connu sous le nom de paradoxe de Jevons, désigne un phénomène observé dans le domaine de l'économie et de l'énergie. Il se produit lorsque l'amélioration de l'efficacité énergétique d'un bien ou d'un service conduit paradoxalement à une augmentation de la consommation totale de cette ressource plutôt qu'à une diminution.

Fressoz et Bonneuil remarquent par exemple que « en Grande-Bretagne, entre 1800 et 2000, le prix de la lumière (mesurée en lumens) a été divisé par 3 000 mais la consommation a été multipliée par 40 000 »[53]. Lorsque l'efficacité énergétique augmente, elle est souvent compensée par une augmentation parallèle de la consommation. Ainsi, bien que le prix de la lumière ait chuté drastiquement, la consommation globale de lumière a explosé. La transition énergétique n'a donc pas de réalité historique. L'histoire de l'énergie est plutôt caractérisée par l'addition successive de nouvelles sources d'énergie plutôt que par des transitions nettes et linéaires d'une source à une autre (par exemple, du bois au charbon, puis du charbon au pétrole).

Bonneuil et Fressoz soulignent une confusion persistante entre les données relatives (comme la part d'une source d'énergie par rapport à une autre sur une période donnée) et les données absolues (comme la consommation totale globale d'énergie).

---

[53] Bonneuil, C., & Fressoz, J.-B. (2016*). L'événement Anthropocène, la Terre, l'histoire et nous*. Points, page 121

Par exemple, même si l'utilisation relative du charbon a diminué par rapport au pétrole au XXe siècle, la consommation absolue de charbon n'a, elle, cessé d'augmenter, atteignant notamment des niveaux records en 2014. Cette distinction est essentielle pour comprendre l'évolution réelle des sources d'énergie et leurs implications environnementales.

Voilà pourquoi une approche strictement techniciste de problématiques environnementales, qui mise uniquement sur l'amélioration de l'efficacité technologique pour résoudre les problèmes environnementaux, se heurte à des phénomènes comme celui de l'effet rebond. Faire réellement face aux défis écologiques actuels nécessite d'adopter une perspective plus large et systémique que la simple optimisation technologique.

Cette politique d'autolimitation doit émerger d'un mouvement collectif de citoyens engagés à l'échelle mondiale. Une véritable écologie populaire implique une participation active et consciente des citoyens à travers le globe, prenant en compte les réalités socio-économiques, culturelles et environnementales de chaque pays. En encourageant la responsabilité citoyenne, l'écologie politique peut intégrer une diversité de perspectives et de points de vue locaux, adaptant ainsi les solutions aux besoins spécifiques de chaque région. Plutôt que de se limiter à des approches technocratiques ou à des solutions uniformes, cette approche permettrait de construire des politiques écologiques inclusives et adaptées.

C'est à travers cette démarche collective et participative que nous pourrons bâtir un avenir écologiquement viable et équitable pour tous, en harmonie avec les limites de la biosphère.

Chapitre 4 : Gagner la bataille de l'imaginaire culturel

I y a une vingtaine d'années, au début des années 2000, il était assez courant d'entendre des « spécialistes » affirmer *mordicus* à la télévision que le changement climatique n'existait pas. Aujourd'hui, ce genre d'attitude est devenu marginal et un consensus scientifique a émergé sur l'origine anthropique (c'est-à-dire humaine) du réchauffement global. Il y avait d'ailleurs initialement une véritable volonté politique, notamment de la part de compagnies pétrolières, de cacher au public le changement climatique de peur de bouleverser le système économique.

Ainsi, au début des années 1990, la société ExxonMobil parfaitement au courant des changements climatiques à l'œuvre […] « prend sur elle d'investir massivement à la fois dans l'extraction du pétrole et dans la campagne, tout aussi frénétique, pour soutenir l'inexistence de la menace [du changement climatique] »[54]. En parallèle de ses investissements dans le pétrole, ExxonMobil a ainsi financé une campagne de désinformation visant à minimiser la perception publique des risques climatiques. Cette stratégie incluait le soutien à des groupes de pression, la publication de rapports biaisés et la propagation de doutes sur la validité des sciences climatiques. Leur objectif était de semer le doute afin de freiner les réglementations environnementales qui pouvaient nuire à leurs intérêts économiques.

---

[54] Latour, B. (2020). *Où atterrir ? Comment s'orienter en politique.* Éditions La Découverte, page 31

Avec l'aide de cabinets de lobbying, de grands groupes continuent aujourd'hui dans la même logique à défendre leurs intérêts économiques même lorsque cela a une incidence terrible sur l'environnement et notre santé. Ces entreprises influencent fortement les décideurs politiques pour éviter toute réglementation stricte et freinent la législation qui les contraindrait à respecter les normes environnementales. Elles utilisent des arguments techniques pour protéger leurs profits au détriment de l'environnement et des droits humains.

A titre d'exemple, en avril 2020, le commissaire européen à la Justice, Didier Reynders, a proposé une législation européenne imposant aux entreprises un « devoir de vigilance » pour prévenir les dommages liés à leurs activités et celles de leurs partenaires. Cette proposition faisait suite à une étude montrant l'échec des mesures volontaires de responsabilité sociale des entreprises (RSE) à protéger efficacement l'environnement et les droits humains. Le but de cette législation était de tenir juridiquement responsables les entreprises pour les dommages causés, en couvrant l'ensemble de leurs chaînes de valeur et en incluant des mécanismes de responsabilité civile, administrative et pénale.

En mars 2021, le Parlement européen a ainsi soutenu une législation obligeant les entreprises à évaluer et à atténuer les risques environnementaux et les violations des droits humains dans leurs chaînes de valeur. Les multinationales ont alors déployé un intense lobbying pour contrer cette législation afin d'affaiblir le texte en restreignant les dispositions sur la responsabilité juridique et l'accès à la justice pour les victimes. Elles proposaient notamment des alternatives comme des « incitations positives » et des mesures RSE volontaires, malgré leur inefficacité prouvée. Le Parlement Européen a finalement adopté avec 374 voix pour et 235 contre la directive sur le devoir de vigilance européen. La démocratie a cette fois gagné, mais les lobbies ont fait des pieds et des mains pour retarder au maximum son adoption et affaiblir son contenu[55].

En quelques décennies, les catastrophes écologiques (Minamata en 1932, Seveso en 1976, Bhopal en 1984, Tchernobyl en 1986, AZF à Toulouse en 2001, Fukushima en 2011, Beyrouth en 2020, …) ont cependant contribué à façonner une opinion publique consciente des risques industriels et davantage sensibilisée au respect de l'environnement. D'aucuns considèrent que l'écologie politique aurait ainsi déjà gagné la bataille culturelle dans l'opinion. Je ne le pense pas.

La bataille culturelle est une théorie du philosophe italien Antonio Gramsci, pour qui, les révolutions marxistes ne se sont pas produites au siècle dernier en raison de l'hégémonie de la culture bourgeoise. Le seul moyen de mettre en mouvement l'idéologie communiste était ainsi de mener une lutte culturelle, c'est-à-dire dans ce cas précis de développer une conscience de

---

[55] Corporate Europe Observatory (CEO), Amis de la Terre Europe, Amis de la Terre France, & European Coalition for Corporate Justice (ECCJ). (2021). *Tirées d'affaire ? Le lobbying des multinationales contre une législation européenne sur le devoir de vigilance.*

classe et une motivation morale dépassant les simples intérêts économiques des individus.

Si l'écologie dans sa globalité est désormais communément admise comme une thématique consensuelle, elle reste trop théorique et s'inscrit encore trop peu comme réponse concrète aux problématiques des citoyens. Elle est d'ailleurs souvent vécue comme punitive car ne prenant pas suffisamment en compte les difficultés financières des classes sociales les plus précaires. En ce sens, un document de Bercy démontre que les ménages pauvres sont trois fois plus pénalisés par la fiscalité « verte » que les classes aisées. En 2019 « les ménages du premier quintile acquittent 4,5% de leur revenu total annuel en fiscalité énergétique, contre 1,3% en moyenne pour les ménages du dernier quintile »[56]. Il est donc logique que cette manière d'aborder l'écologie, vécue ici comme profondément punitive, soit rejetée en bloc.

Ainsi, la rupture brutale, le schisme avec le paradigme de notre temps qu'implique l'écologie, car c'est de cela dont il s'agit, ne pourra pas être accepté sans un accompagnement profond au changement. Du chemin reste donc à parcourir pour gagner cette bataille culturelle.

---

[56] Rapport sur l'impact environnemental du budget de l'Etat, PLF 2021. (2020). https://urlr.me/P4ZfDh

Les 4 temps de la conviction

Théorisée au XXème siècle, la bataille culturelle s'appliquait bien aux systèmes où l'engagement politique était puissant et les partis massifs. Car dès lors qu'un parti se lançait dans la bataille, l'opinion se positionnait. Désormais la société actuelle rejette en bloc les partis politiques traditionnels et les personnalités politiques marquées à gauche ou à droite. Dans le même registre, d'après une étude du CEVIPOF de 2017, 90,8% des citoyens étaient déjà critiques envers le fonctionnement de notre démocratie actuelle et ils étaient 83,7% à penser que « les élites politiques ignorent les problèmes du peuple »[57].

Pourtant, malgré une abstention sans cesse croissante, l'engagement des Français, notamment par le biais d'outils numériques, n'en est pas moins important. Il a, plus exactement, changé de forme. L'arsenal protestataire a ainsi évolué. Les citoyens préfèrent s'engager pour une cause plus spécifique en signant une pétition (plus de 2 millions de signatures pour l'Affaire du siècle), en participant à des marches (4 millions de personnes pour la grève mondiale pour le climat du 20 septembre 2019) ou à travers le travail des associations, plutôt que de suivre l'idéologie d'un parti politique.

Antonio Gramsci, dans ses écrits, explique que dans les sociétés modernes, la formation d'une volonté collective nécessaire pour

---

[57] Pélabay, J., & Sénac, R. (2017). Figures du citoyen critique. CEVIPOF, Note #45.

exercer le pouvoir ne peut être réalisée par un individu seul, mais doit passer par un organisme complexe : le parti politique. Gramsci emprunte le concept de « mythe-prince » à Georges Sorel, mais l'adapte en le rendant actif et constructif. Gramsci le voit comme un projet politique porté par le parti, capable de mobiliser et d'orienter les masses de manière rationnelle et organisée. Selon lui, le parti politique est le seul organisme capable de gagner la bataille de l'opinion parce qu'il est le seul à pouvoir former et structurer une volonté collective de manière durable et efficace. Contrairement aux leaders charismatiques ou aux hommes providentiels, le parti politique peut éduquer, fédérer et diriger les masses vers un projet commun.

Or, contrairement à l'époque de Gramsci, la bataille culturelle ne pourra donc pas être menée uniquement par un parti politique, mais par un mouvement citoyen et populaire qui agrègerait des revendications concrètes et surtout locales. A l'aune de ces transformations sociétales, je restructurerai ainsi la bataille culturelle en quatre temps distincts : théorisation, démocratisation, réappropriation et mobilisation.

1. Théorisation :

La première des étapes est la théorisation. Il s'agit de la conceptualisation d'une doctrine fondée sur des faits scientifiques tangibles et de fortes convictions politiques, c'est-à-dire les valeurs de société dans lesquelles nous croyons. Cette mise à plat des principes fondamentaux permet de s'imprégner de l'essence même de la théorie.

2. Démocratisation :

(NB : Ce livre a vocation à apporter une modeste contribution à cette seconde étape.)

La seconde étape, tout aussi essentielle, est celle de la démocratisation, c'est-à-dire la vulgarisation de la théorie. L'idée est de passer outre les aspects techniques et scientifiques de la théorie pour rendre l'essentiel accessible, adapté et limpide. Qui découvre aujourd'hui directement de grands théoriciens, philosophes à travers leurs propres ouvrages ? Nous découvrons souvent un auteur par le biais d'un autre livre, d'une émission, d'une vidéo. Cet exercice est fondamental car il permet de dépasser le cercle des initiés. Les nuances des théories parfois indigestes deviennent alors compréhensibles.

3. Réappropriation populaire :

La troisième étape est celle de la réappropriation. Maintenant que la théorie est compréhensible et n'est plus réservée aux universitaires et aux personnes à fort capital culturel[58], elle doit s'adapter aux considérations individuelles. Chaque définition personnelle doit s'inscrire dans un tout qui la porte. C'est ce que j'appelle la réappropriation conceptuelle. Ce n'est qu'à partir de cette étape que la théorie initiale devient concrète car ancrée dans la vie de tout un chacun.

---

[58] Concept issu du travail sociologique de Pierre Bourdieu et Jean-Claude Passeron, qu'ils développent notamment en 1970 dans l'ouvrage *La Reproduction. Éléments pour une théorie du système d'enseignement.*

Avec l'association Graines Populaires c'est cette étape que nous essayons de franchir collectivement pour bâtir une société écologique. Nous organisons ainsi des activités ludiques qui intègrent des sujets de société. Par exemple, lorsque nous organisons des activités bombes à graines, nous abordons le sujet de la réappropriation de l'espace public et de sa végétalisation.

4. Mobilisation :

La dernière étape est celle de la mobilisation. Elle doit créer les conditions d'une mobilisation massive des citoyens sur ces enjeux et ne peut intervenir qu'à la suite de la réappropriation conceptuelle par les citoyens. Elle consiste à démontrer que l'ultime étape de l'engagement est politique, que la décision publique est le moyen le plus puissant de transformer concrètement la société. Nous devons donc être prêts à gouverner : « Les écologistes doivent engager leur mue et cesser de se considérer comme des minoritaires. Ils doivent passer d'une logique de contre-pouvoir à une logique de prise de pouvoir »[59].

En effet, les très bons résultats des écologistes aux élections européennes de 2019 et aux municipales de 2020 en France n'ont pas pour autant permis de crédibiliser Europe Ecologie Les Verts (EELV), parti désormais renommé « Les Ecologistes », à la hauteur des autres partis, en témoigne le score de 4% obtenu par Yannick Jadot aux élections présidentielles et de 5% aux européennes de

---

[59] Duflot, C. (2015). *Le grand virage*. Les Petits Matins, page 162

2024. Deux points sont particulièrement déterminants pour entraîner le vote : la désirabilité de la société prônée par le parti et la capacité à gouverner de celui-ci. Le parti EELV-Les Ecologistes est dans une situation unique comparé aux autres partis. Premièrement, il est plus désirable que crédible[60] (Le paysage partisan à cinq cents jours de l'élection présidentielle, Fondation Jean Jaurès.).

Deuxièmement, il est à la fois très désirable (44 %, 14 points devant LREM tout de même) mais assez peu crédible (32 %, au même niveau que le RN globalement et même moins que le RN chez les moins de trente-cinq ans et chez les plus de soixante ans)[61]. Le plus étonnant pour le grand public est que même les sympathisants EELV-Les Ecologistes sont sceptiques quant à la crédibilité de leur parti : avec 71 % de crédibilité, EELV-Les Ecologistes se situe à 20 points de moins par rapport à ce que les sympathisants accordent généralement à leur parti. Les sympathisants du RN, eux, considèrent leur parti capable de gouverner à 90 %.

Lorsque l'on parle de manque de crédibilité ici, il ne s'agit pas de l'idée selon laquelle EELV-Les Ecologistes ne tiendrait pas ses promesses par manque de bonne foi ou de volonté politique (ce que l'on pourrait reprocher aux partis traditionnels ayant déjà gouverné). Il s'agit plutôt de présomption d'incompétence à

---

[60] Finchelstein, G (2020), *Le paysage partisan à cinq cents jours de l'élection présidentielle*, Fondation Jean Jaurès, https://urlr.me/hAgDq2
[61] *Ibid.*

exercer le pouvoir, c'est-à-dire l'incapacité supposée des écolos à gouverner face à des éléments exogènes complexes. A nous donc de crédibiliser le mouvement écologiste afin de rendre possible une mobilisation massive des électeurs en faveur de l'écologie.

L'écologie en passe de gagner la bataille culturelle ?

Théorisée au siècle dernier notamment par René Dumont, André Gorz, Ivan Illich, Murray Bookchin, et bien d'autres, l'écologie politique entre difficilement en phase de démocratisation. Certes, le consensus scientifique est connu et reconnu mais la renommée des théoriciens précités reste relativement faible. L'écologie même, si elle est comprise par tous, ne constitue pas un modèle politique à part entière pour une majorité de citoyens. D'une part, l'écologie est perçue comme simple partie d'un programme politique, d'autre part, ceux qui mettent l'écologie au premier plan et embrassent l'écologie politique sont en majorité issues d'une classe sociale relativement aisée, en témoigne d'ailleurs la sociologie de l'électorat écologiste. Nous sommes donc encore loin du stade d'une réappropriation conceptuelle et populaire de l'écologie.

Pour vous démontrer l'importance de la bataille culturelle, j'aimerais revenir très brièvement sur l'éclairage que nous apporte la crise du Coronavirus sur la question. Nous nous en souvenons tous, en très peu de temps les gouvernements ont pris des mesures drastiques (confinement, couvre-feu, port du masque ...) qui ont été finalement assez bien acceptées. Or, dans le même temps, la pollution atmosphérique a causé trois fois plus de décès que la Covid19. D'après une récente étude menée par Harvard et publiée dans la revue *Environmental Research*, les particules fines générées par la combustion de combustibles fossiles ont tué près de 8,7 millions de personnes dans le monde en 2018[62]. La revue National Geographic indique en comparaison que « la mortalité imputée à la Covid19 s'élève à un peu plus de 3 millions de personnes dans le monde depuis l'apparition du virus en Chine en décembre 2019 »[63].

Pourquoi alors accepter ce type de mesure pour lutter contre un virus, mais pas contre la pollution. Nous avons tout de même décidé d'arrêter notre économie tout entière pendant plusieurs mois, ce n'est pas rien. Au-delà du caractère transitoire des mesures, l'acceptation est liée, à mon sens, à la représentation culturelle de l'épidémie. L'imaginaire historique de la notion d'épidémie est très fourni avec la peste bubonique, le choléra, la variole, le typhus... Ce sont des morts visibles, dont le décès est directement attribué à la contamination. Au début de l'épidémie de Covid-19, nous regardions avec angoisse chaque jour le nombre de nouveaux cas et de morts augmenter. Pour ce qui est de la pollution atmosphérique c'est une mort diffuse, invisible, sur le temps long.

Pourquoi d'un côté nous n'avons pas du tout l'impression de mettre en danger nos concitoyens alors que de l'autre oui ? Tout

_____

[62] Vohra K, Vodonos A, Schwartz J, Marais EA, Sulprizio MP, Mickley LJ. *Global mortality from outdoor fine particle pollution generated by fossil fuel combustion: Results from GEOS-Chem.* Environ Res. 2021 Apr; 195:110754. doi: 10.1016/j.envres.2021.110754. Epub 2021 Feb 9. PMID: 33577774.
[63] Carpio, M.-A. (2021). *La pollution atmosphérique tue trois fois plus que la Covid19.* National Geographic. https://urlr.me/vaVp8w

est affaire de représentation culturelle et les politiques publiques se font toujours en ce sens. En résumé, en politique la perception est bien souvent plus importante que les faits établis. A nous de rétablir une consistance à cette réalité, de mettre des images et des mots sur ce combat, de démontrer que nous devrions autant nous occuper des catastrophes écologiques à l'œuvre que de cette épidémie.

Nous pensons toujours que le pire est incertain, improbable, voire impossible à conceptualiser, même lorsque toutes les études convergent pour le dessiner. Aussitôt publiés, les rapports du Groupe d'experts intergouvernemental sur l'évolution du climat (GIEC) sont taxés d'alarmistes. Pourtant, les thèses scientifiques moquées à la fin du siècle dernier se révèlent avoir été beaucoup plus optimistes que ne l'est la réalité. Il est désormais très peu probable que la hausse de la température se limite à deux degrés en 2100.

Il est important de mettre des mots sur ce qui nous attend. Nous parlons d'effondrements sans définir de quel type d'effondrement nous parlons : celui d'un système, d'une civilisation, de l'humanité. Une vérité doit être rétablie : nous ne savons pas si un effondrement global interviendra dans 10 ans, dans 50 ans ou dans 200 ans. Ce que nous savons, c'est que nous mourrons déjà aujourd'hui des dérèglements écologiques. L'enfant affamé par l'érosion des sols, il meurt aujourd'hui ; l'adolescent qui boit une eau contaminée chimiquement, il meurt aujourd'hui ; le jeune adulte qui vit en zone irrigable, à la moindre inondation, il meurt aujourd'hui ; le jeune retraité qui a vécu toute sa vie près d'un échangeur routier, il meurt aujourd'hui. L'effondrement ce n'est pas pour demain ou après-demain, l'effondrement a déjà commencé.

Sortir d'un paradigme mortifère

Lorsque nous étions au lycée, en cours de français nous devions apprendre par cœur les différents courants littéraires. Ainsi, le mouvement baroque laisse place au classicisme au 17ème siècle, lui-même remplacé par le courant des Lumières au 18ème qui précédera le romantisme au 19ème siècle...

Et souvent ces courants ne se limitaient pas au monde de la littérature mais imprégnaient l'art dans son ensemble voire la politique (on peut penser à Alphonse de Lamartine ou Victor Hugo pour le romantisme). Il est toujours compliqué d'expliquer les raisons pour lesquelles des mouvements artistiques émergent.

Ce que l'on sait, c'est qu'un mouvement artistique apparaît progressivement lorsque le mouvement actuel est en décalage flagrant avec la réalité socio-culturelle. Ce qui est vrai pour l'art, l'est aussi pour la politique. Comme l'explique Alexandre Rojey : « Il arrive un moment où le paradigme dominant n'est plus adapté à la réalité extérieure ».[64]

Le Centre National de Ressources Textuelles et Lexicales nous propose cette définition du mot paradigme : « Conception théorique dominante ayant cours à une certaine époque dans une communauté scientifique donnée, qui fonde les types

---

[64] Rojey, A. (2011). *L'avenir en question - changer pour survivre*, Armand Colin, page 41

d'explication envisageables, et les types de faits à découvrir dans une science donnée »[65].

Le défi de notre siècle est donc de sortir de notre paradigme économique actuel et de bâtir une nouvelle société qui aurait pour matrice les impératifs de justice sociale et d'écologie. Dans notre système actuel, la dérégulation économique libérale est une tendance peu remise en question. Nous avons l'impression que c'est un système qui va de soi, presque naturel. Or, comme expliqué précédemment dans ce livre, cette idéologie est en train de rejoindre le cimetière des illusions.

---

[65] Définition de paradigme par le Centre de Ressources Textuelles et Lexicales (CNRTL). https://urlr.me/8AJdXn

Chapitre 5 : Bâtir une écologie populaire

En 2019, le journal britannique *The Guardian* révélait une étude[66] démontrant que 20 entreprises, à elles seules, émettaient 35% du total des émissions de gaz à effet de serre depuis 1965 (ce qui équivaut à 480 milliards de tonnes de CO_2).

Un sentiment est très ancré dans la société française, celui que l'écologie ne s'adresserait qu'aux plus riches, qu'il s'agirait d'un mouvement un peu hypocrite de ceux qui ont déjà profité du système économique et qui peuvent se permettre d'être écolo. Et pourtant, les principales victimes des dérèglements écologiques sont les plus démunis et les plus précaires. Un rapport de France Stratégie de 2022 démontre que taux de pauvreté et exposition aux pollutions sont intimement liés[67] et que les communes les plus pauvres sont exposées à une pollution des sols à hauteur de 70 %, contre 42 % pour les communes les plus riches.

J'aimerais également aller à contrario de l'imaginaire collectif en vous relatant que les personnes avec peu de moyens, les personnes les plus précaires sont *de facto* plus écolos que les classes aisées. Elles consomment moins de ressources, prennent moins - voire pas du tout - l'avion, leur bilan carbone est en conséquence beaucoup plus faible. D'après le *World Inequality*

[66] Taylor, M., & Watts, J. (2019, October 9). *Revealed: the 20 firms behind a third of all carbon emissions.* The Guardian. https://urlr.me/3CENvM
[67] Rapport de France Stratégie de 2022. (2022). https://urlr.me/gpkVGK

report de 2022[68], chaque humain émet en moyenne 6,6 tonnes d'équivalent CO_2 par an. A l'échelle mondiale : les 10% les plus émetteurs sont responsables de près de 50% de toutes les émissions, tandis que les 50% les moins émetteurs ne représentent que 12% du total.

Les émissions incorporées dans la consommation de biens et services permettent de mieux visualiser les inégalités carbones entre les régions. C'est-à-dire que les niveaux d'émission incluent les émissions produites dans un pays ainsi que celles associées à l'importation de biens et services du reste du monde. Par exemple, lorsque les Nord-Américains importent des smartphones d'Asie de l'Est, il est évident que les émissions de carbone créées lors de la production, du transport et de la vente de ces smartphones sont attribuées aux Nord-Américains. C'est la meilleure façon de mesurer les émissions associées au niveau de vie des individus à travers le monde. Il serait absurde de ne mesurer que les émissions territoriales, qui ne prennent pas en compte les importations et exportations de carbone intégrées dans les biens et services.

L'une des conclusions les plus frappantes du rapport est la réduction des émissions d'environ 15 à 20% de la population mondiale, principalement les groupes à revenu faible et moyen des pays riches. Dans ces pays, les classes ouvrières et moyennes ont réduit leurs émissions au cours des 30 dernières années. Bien que

---

[68] World Inequality Report 2022: *Chapter 6: Global carbon inequality.* https://wir2022.wid.world/chapter-6/

ces réductions soient insuffisantes pour atteindre les objectifs de l'Accord de Paris, elles contrastent avec les émissions du top 1%, qui ont considérablement augmenté.

Les inégalités de richesse au sein des pays correspondent désormais à la majeure partie des inégalités mondiales des émissions. En 1990, la plupart des inégalités mondiales de carbone (63%) étaient dues aux différences entre pays. Aujourd'hui, les inégalités des émissions au sein des pays comptent pour près des deux tiers des inégalités mondiales. Cela signifie qu'en plus des grandes inégalités entre pays, il existe également de grandes inégalités entre individus au sein des pays.

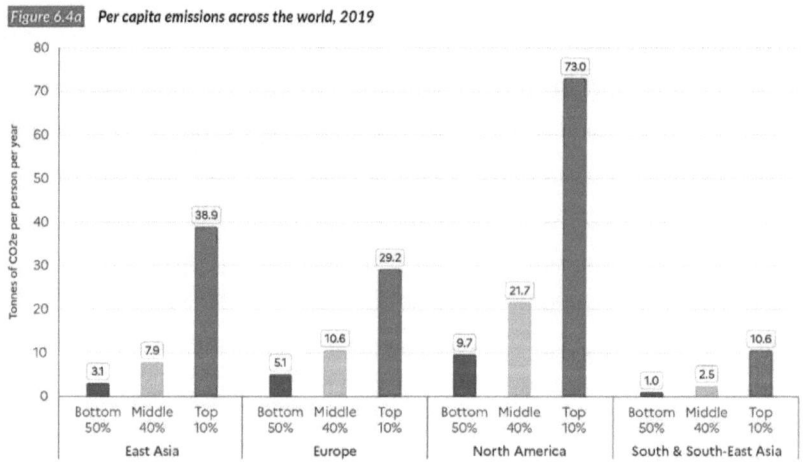

Figure 6.4a *Per capita emissions across the world, 2019*

Interpretation: Personal carbon footprints include emissions from domestic consumption, public and private investments as well as imports and exports of carbon embedded in goods and services traded with the rest of the world. Modeled estimates based on the systematic combination of tax data, household surveys and input-output tables. Emissions split equally within households. **Sources and series:** wir2022.wid.world/methodology and Chancel (2021).

Quelle que soit la région étudiée, les 10 % les plus riches émettent beaucoup plus de CO_2 par personne que les autres segments de la population (*cf. graphique 6.4a du rapport*). Cela est particulièrement marqué en Amérique du Nord, où les 10 % les plus riches émettent 73 tonnes de CO_2 par personne par an, ce qui est de loin la valeur la plus élevée parmi toutes les catégories et régions représentées. Les émissions des 50 % les plus pauvres et des 40 % intermédiaires varient également considérablement entre les régions. Par exemple, les 50 % les plus pauvres en Amérique du Nord émettent 9.7 tonnes de CO_2 par personne, tandis que ceux en Asie du Sud et du Sud-Est n'en émettent qu'une seule tonne. Ainsi, l'image selon laquelle les plus précaires ne joueraient pas le jeu de la transition écologique car sont contraints de prendre la voiture pour se déplacer ou de ne pas consommer bio est une image absolument faussée. C'est une double peine pour les classes populaires à qui l'on fait porter le fardeau du réchauffement climatique et qui n'ont pas les moyens de réaliser une transition individuelle vers une consommation plus « responsable ».

Notre rôle est de démontrer qu'il est ainsi possible de s'identifier en tant qu'écologiste d'autant plus lorsque les fins de mois sont difficiles. Il serait d'ailleurs totalement contreproductif de faire porter à chaque individu la culpabilité de la crise écologique. Certes nous avons toutes et tous une responsabilité propre, mais nous devons accompagner les transitions de comportement tout en repensant de manière globale notre système économique.

Qu'est-ce que l'écologie dite « populaire »

Si l'on ne popularise pas l'écologie, cette dernière n'aura pas la capacité de proposer un projet en accord avec la société dans son ensemble et le risque est que l'écologie devienne un prétexte pour les plus aisés d'améliorer leur cadre et confort de vie, plutôt qu'un réel projet de société. Pour préciser mes propos, j'entends par populaire, ce qui émane du peuple en tant qu'usage, en tant que culture. Mais c'est surtout ce qui est relatif au peuple en tant que milieu social.

L'adjectif populaire recouvre néanmoins des réalités très diverses. Un agriculteur, un ouvrier, une personne sans emploi font face à des problématiques très hétérogènes, en revanche nous pouvons les relier par l'adjectif populaire car ils ont en commun le fait de disposer de peu de moyens financiers et donc d'une capacité d'adaptation économique plus faible.

La définition d'écologie populaire que nous utilisons chez Graines Populaires est donc large et concerne une majorité de citoyens et non uniquement les habitants de ce que l'on nomme les quartiers prioritaires de la politique de la ville (QPV). Elle concerne de manière générale l'ensemble des espaces de relégation où se structurent les inégalités et où se construit le sentiment d'abandon. Notre ambition est ainsi de décloisonner l'écologie et d'œuvrer à une réappropriation conceptuelle de celle-ci.

De nouveaux pouvoirs locaux au cœur de nos territoires

L'abstention est énorme dans les quartiers les plus pauvres. Il est ainsi indispensable de repolitiser la société en créant des nouvelles formes de pouvoirs, de participation, de réappropriation politique. Un monde plus « municipalisé » où des pouvoirs auto-organisés locaux s'emparent de ces enjeux. Nous devons construire une société avec moins d'inégalités territoriales et de disparités entre quartiers riches et populaires. En somme, Il faut que nous vivions l'écologie au quotidien. La radicalité du projet écologique ne trouvera sa force que s'il démontre son incidence concrète dans nos habitudes de vie.

Bruno Latour dans son ouvrage *Où atterrir ?* nous appelle d'ailleurs à ne pas craindre d'utiliser le mot « territoire » de peur d'être taxé de traditionalistes ou de réactionnaire, parce que ce sont précisément les territoires que nous défendons, en tant qu'écologistes. Nous ne défendons pas seulement la nature en tant que concept abstrait, ce que nous défendons, ce sont nos territoires. C'est-à-dire les lieux de vie et de liens auxquels nous avons une attache culturelle et sentimentale. Contrairement à l'extrême-droite ou la droite-extrême, nous ne les défendons pas d'une invasion chimérique, mais de nous-mêmes et de nos excès. Comme le suggère Bruno Latour, le « terrestre » devient ainsi un nouvel acteur politique. L'écologie est populaire lorsqu'elle embrasse la société dans son ensemble et transforme le réel. Pour la bâtir, nous devons agir à tous les niveaux : individuels, collectifs et enfin politique

Justice sociale et écologie : la théorie du donut

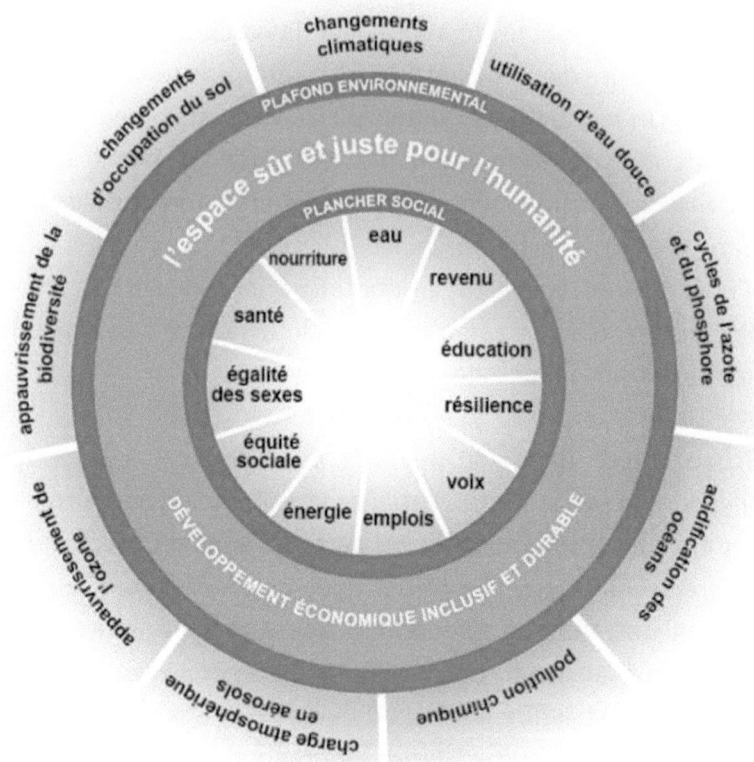

(Graphique d'Oxfam France)

Inspirée par ses années au sein d'Oxfam Grande-Bretagne et ses réflexions sur les limites planétaires, Raworth propose un modèle économique qui vise à répondre aux besoins essentiels des individus tout en respectant les limites écologiques de la planète.

L'essence du Donut réside dans la représentation d'un espace sûr entre deux limites critiques : le plafond environnemental, qui indique les seuils écologiques à ne pas dépasser pour éviter des dommages irréversibles à la planète et le plancher social, qui définit les besoins humains fondamentaux tels que la nourriture, l'eau, le logement, la santé, l'éducation, etc. En plaçant l'humanité dans cet espace sûr, Raworth propose de revoir fondamentalement les objectifs économiques traditionnels axés sur la croissance infinie et le profit maximal. À la place, elle promeut un modèle économique distributif et régénératif qui favorise un partage équitable des ressources et une transition vers des pratiques durables. L'application pratique de la Théorie du Donut est particulièrement pertinente dans le contexte actuel marqué par la crise climatique et la crise sociale exacerbée par la pandémie de Covid-19. Les plans de relance post-Covid ont mis en lumière l'urgence de répondre simultanément à ces crises, en adoptant des politiques économiques qui favorisent la résilience sociale tout en réduisant l'empreinte écologique.

Raworth a réussi à populariser sa théorie en la présentant comme une alternative crédible et nécessaire aux modèles économiques dominants. L'exemple d'Amsterdam, qui a adopté la Théorie du Donut comme cadre pour ses politiques publiques, illustre comment cette approche peut être concrètement mise en œuvre. En intégrant les objectifs de justice sociale et de transition écologique dans ses décisions politiques, la ville d'Amsterdam s'engage à créer un environnement urbain durable où tous les habitants peuvent vivre tout en respectant les limites planétaires.

La charte des verts mondiaux résume assez bien ce positionnement : « Nous affirmons que la clé de la justice sociale est la répartition équitable des ressources sociales et naturelles, tant au niveau local qu'international, pour répondre sans condition aux besoins humains fondamentaux et pour s'assurer que tous les citoyens disposent de toutes les possibilités de développement social. Nous déclarons qu'il n'y a pas de justice sociale sans justice environnementale, et pas de justice environnementale sans justice sociale. Ceci exige :

- Une organisation juste du monde et une économie mondiale stable qui comblera l'écart grandissant entre riches et pauvres, tant à l'intérieur des pays comme entre les pays,
- Une mise en équilibre des flux des ressources du Sud vers le Nord ; et l'allègement du fardeau de la dette sur les pays pauvres qui empêche leur développement,
- L'éradication de la pauvreté, en tant qu'impératif éthique, social, économique et écologique,
- L'élimination de l'analphabétisme,
- Une nouvelle vision de la citoyenneté fondée sur l'égalité des droits pour tous les individus indépendamment du sexe, de la race, de l'âge, de la religion, de la classe, de l'origine ethnique ou nationale, de l'orientation sexuelle, du handicap, de la richesse ou de la santé »[69].

---

[69] La Charte des Verts mondiaux. (n.d.). Global Greens Charter – French Translation (2019) - https://urlr.me/snRbYk

Faire émerger un discours populaire de l'écologie

Chez Graines Populaires, nous nous employons depuis quelques années à faire émerger un discours populaire de l'écologie. Nous sommes convaincus que les mouvements écologistes doivent mobiliser largement toutes les couches de la société. L'écologie est vécue comme punitive par beaucoup alors que ce qui est punitif pour l'ensemble des habitants de la planète, c'est bien l'inaction climatique !

Graines Populaires adopte une vision globale pour ses actions, reconnaissant que les défis environnementaux sont interconnectés et nécessitent une coopération internationale. En collaborant avec d'autres associations et en partageant des ressources et des idées, l'association vise à créer un réseau mondial de citoyens engagés pour une écologie populaire. Ce réseau facilite l'échange de bonnes pratiques et la mise en œuvre de projets communs, renforçant ainsi l'impact global des actions locales.

Nous avons notamment développé une méthodologie d'atelier fondée sur les principes de l'éducation populaire pour engager les citoyens d'un quartier afin qu'ils soient porteurs d'un projet écologique. Ces ateliers sont adaptés à des groupes de 10 personnes maximum et durent environ 3 heures. Les 3 objectifs principaux sont les suivants :

1. Créer ou compléter une première feuille de route pour la section locale.

2. Former un collectif et inciter les participants à s'engager pour leur quartier ou ville.
3. Partager un premier diagnostic collectif des enjeux locaux.

Après une introduction qui permet de faire connaissance et de mettre en place les conditions de l'atelier, nous engageons les citoyens à se projeter dans un futur positif. Chaque participant imagine sa ville dans cinq ans, identifie les problématiques actuelles et propose des premières solutions. Les participants votent pour la problématique à retenir pour l'atelier de créativité et la reformulent sous forme de question ouverte. Par exemple, lors d'un récent atelier que nous avons mené à Pantin en Seine Saint Denis, la problématique retenue était : « Comment réduire la quantité de déchets dans l'espace public ? ».

Dans la seconde partie de l'atelier, les participants, individuellement ou en binôme, proposent des solutions variées en fonction de différentes consignes (ressources illimitées, sans budget, en se mettant dans la peau de personnalités inspirantes). Les solutions sont regroupées et qualifiées selon leur impact et leur faisabilité. Ce travail de créativité permet de trouver une variété de réponses aux problématiques quotidiennes, certaines faisables dès la fin de l'atelier et d'autres qui demandent un engagement sur le long terme.

Cela permet de démontrer, d'une part, qu'il existe des solutions directes et visibles pour répondre à la problématique en surface (par exemple organiser des ramassages de déchets ou des ateliers

Do It Yourself - DIY pour suivre l'exemple précédent), d'autre part, que les réponses réelles sont politiques (repenser notre système de consommation et de production, faire du plaidoyer pour le retour de la consigne au niveau local, etc.).

Les participants viennent ainsi de lister les problématiques de leur quartier et les manières d'y répondre. Chacun pourra s'engager à sa manière tout en sachant que les véritables leviers de transformation de la société sont d'ordre politique. C'est une manière de politiser les citoyens et de les inciter à s'engager à leur échelle.

C'est ainsi que nous avons également déployé depuis 2020 des centaines d'ateliers « bombes à graine ». Lors de ces activités collectives, les participants fabriquent des petites boules de terre, d'argile et de graines. Une fois préparées, ces bombes à graines peuvent être jetées ou placées dans des zones urbaines dépourvues de végétation, dans l'espoir que les graines germent et fleurissent, contribuant ainsi à la revégétalisation de ces espaces. L'histoire des bombes à graines est intimement liée au mouvement de la *guerrilla gardening*, né dans les années 1970. Ce mouvement consiste à revendiquer et à transformer des espaces publics ou abandonnés en les rendant plus verts et plus vivants, souvent sans l'autorisation des autorités. Bien que cela puisse paraître anodin de vouloir revégétaliser nos environnements bétonnés de cette manière, les ateliers de bombes à graines ont un objectif plus profond. Ils visent à sensibiliser les habitants à l'état de leur environnement et à l'importance de la végétalisation pour faire face aux défis climatiques actuels. Les plantes jouent un rôle essentiel dans la régulation des températures, la réduction de la pollution de l'air et la gestion des eaux de pluie. En incitant les habitants à participer à ces ateliers, nous les encourageons à prendre conscience de l'urgence de transformer leur environnement pour le rendre plus résilient face aux dérèglements climatiques. Certains appellent cela de *l'empowerment*, que Cécile Duflot traduit assez justement par « réappropriation collective de nos choix de vie »[70].

Nous organisons également chaque année « Le Festival de l'Ecologie Populaire » avec l'association des lecteurs d'Alternatives Économiques pour démontrer les liens entre les recherches universitaires sur ces sujets et les associations qui agissent au quotidien sur le terrain. Le colloque est un temps de réflexion essentiel, miroir des actions organisées par les associations locales au quotidien. Voilà comment nous définissons l'écologie populaire chez Graines Populaires : un engagement de terrain en prise avec les diverses réalités locales à la recherche de solutions concrètes pour lutter contre les dérèglements écologiques et pour adapter nos territoires à l'inexorable réchauffement.

Si vous ne savez pas par quel bout commencer, rejoignez un collectif au niveau local. Vous pouvez aussi contacter Graines Populaires pour savoir si une antenne existe sur votre territoire.

---

[70] Duflot, C. (2015). *Le grand virage*. Les Petits Matins, page 65

Chapitre 6 : Agir à toutes les échelles

L'écologie populaire c'est donc agir à toutes les échelles : individuelle et collective, locale, nationale, européenne et internationale. Serge Latouche nous donne quelques conseils pour s'engager à tous les niveaux : *Les 8 R : Réévaluer, reconceptualiser, restructurer, relocaliser, redistribuer, réduire, réutiliser, recycler*[71].

- Revoir et évaluer nos priorités et valeurs : il s'agit de remettre en question les notions de progrès et de succès fondées sur la consommation et la croissance économique. Il est essentiel d'évaluer ce qui est réellement important pour le bien-être humain.

- Reconceptualiser et reformuler nos idées et conceptions sur la société et l'économie : il s'agit de développer de nouveaux paradigmes qui ne reposent pas sur la croissance infinie mais sur une approche plus équilibrée et respectueuse des limites écologiques.

- Restructurer et réorganiser les systèmes économiques, sociaux et politiques pour les rendre plus durables.

- Relocaliser et encourager la production et la consommation locales pour réduire la dépendance aux chaînes d'approvisionnement globales. Cela vise à diminuer les

---

[71] Latouche, S. (2020). L'abondance frugale comme art de vivre : Bonheur, gastronomie et décroissance. Editions Payot & Rivages, page 72

impacts environnementaux liés au transport et à soutenir les économies locales.

- Redistribuer et partager plus équitablement les ressources et les richesses. Il s'agit de réduire les inégalités économiques et sociales pour assurer un accès plus juste aux biens et services, et promouvoir un mode de vie plus équilibré pour tous.

- Réduire la consommation des ressources et des déchets produits. Cela inclut d'effectuer des efforts pour diminuer notre empreinte écologique en réduisant la consommation d'énergie, les matières premières et les déchets.

- Réutiliser et prolonger la vie des produits et des matériaux en les utilisant plusieurs fois plutôt que de les jeter après une seule utilisation. Cela contribue à diminuer la demande de nouvelles ressources et à réduire les déchets.

- Recycler et transformer les déchets en nouveaux matériaux ou produits afin de diminuer le besoin de matières premières vierges. Le recyclage est un élément capital pour gérer les déchets de manière efficace et minimiser l'impact environnemental.

En intégrant ces huit R dans nos pratiques quotidiennes et politiques, l'objectif est de créer un mode de vie plus soutenable, moins axé sur la consommation excessive et plus respectueux des limites écologiques de notre planète. La décroissance, comme proposée par Serge Latouche, prône ainsi un retour à des modes de vie plus frugaux et conscients, dans le but de trouver un équilibre entre bien-être humain et respect de l'environnement.

Cette vision rejoint la « sobriété heureuse » de Pierre Rabhi : un mode de vie simple et épanouissant, fondé sur la modération et le respect des ressources naturelles. Pour Rabhi, il ne s'agit pas de se priver, mais de redécouvrir la richesse de l'essentiel, en accordant plus de valeur aux relations humaines, à la nature et à une existence harmonieuse avec la biodiversité.

Échelles individuelle et collective

Comme nous l'avons présenté dans les chapitres précédents, le premier des engagements écologiques est de prendre conscience de l'emprise de la société de consommation dans nos choix du quotidien. Nos petits gestes individuels qui vont à l'encontre de ce que la publicité nous montre quotidiennement ne sont pas si petits que cela lorsqu'ils sont portés par un nombre important de citoyens. Le concept de « point de bascule » de Malcolm Gladwell, présenté dans son livre *The Tipping Point*, désigne le moment critique où une petite action ou un changement peut déclencher une grande transformation ou un effet domino. Il démontre qu'il suffit que 10% de la population adopte un comportement pour que celui-ci devienne la norme. Même les petites actions individuelles, lorsqu'elles sont adoptées par un nombre suffisant de personnes, peuvent conduire à des changements majeurs. Quand nous voyons nos proches adopter certains comportements, nous avons tendance à les imiter. Les associations locales peuvent ainsi servir de catalyseurs pour atteindre ce point de bascule. L'engagement individuel paraît ainsi déterminant, même s'il n'est pas suffisant pour bâtir un avenir écologiquement viable.

René Dumont disait au siècle dernier : « Puisque nous fonçons à toute allure dans le brouillard vers un mur de ciment, mieux vaudrait freiner un peu trop tôt que beaucoup trop tard »[72]. Nous

---

[72] Besset, J.-P. (1994). *René Dumont, une vie saisie par l'écologie*. Pocket, page 342

savons qu'il est désormais tard, alors faisons tout notre possible pour que ce ne soit pas « beaucoup trop tard ».

En revanche, lorsque l'on s'engage dans une petite structure, on fait face au dilemme démocratique[73]. En effet, plus une structure est petite et plus les citoyens ont le désir de s'engager mais plus la structure est petite et plus les champs de souverainetés sont limités. Ce type d'engagement ne doit donc pas être une fin en soi et donner l'envie de s'engager également à d'autres échelles.

---

[73] Dahl, R. A. (2021). *I dilemmi della democrazia pluralista*. Societa Aperta.

Echelle locale

Nous avons également la chance de vivre en démocratie et de pouvoir nous engager politiquement pour que la société évolue. Les communes, les départements et régions jouent un rôle clé dans le déploiement de politiques publiques écologistes. Voyons quelques exemples ci-dessous parmi leurs compétences dans ce domaine :

Compétences des villes :
- L'urbanisme et l'aménagement du territoire avec l'élaboration et la mise en œuvre des plans locaux d'urbanisme (PLU) intégrant des critères écologistes, essentiels pour transformer nos villes et les adapter au réchauffement climatique ;
- La gestion des déchets, comprenant l'organisation de la collecte, du tri, du recyclage et de l'élimination des déchets ;
- L'approvisionnement en eau potable et la gestion des infrastructures d'assainissement, ainsi que la protection des ressources en eau et des milieux aquatiques ;
- Le développement des infrastructures pour les modes de transport doux (pistes cyclables, zones piétonnes) et la gestion des transports publics locaux pour réduire les émissions de CO_2 ;
- Et enfin, la création et l'entretien des parcs, jardins et autres espaces verts, ainsi que les actions pour la préservation de la biodiversité urbaine.

Compétences des départements :
- L'éducation dans les collèges, avec la sensibilisation des jeunes à l'écologie ;
- La gestion des transports interurbains et des réseaux de bus départementaux, ainsi que l'aménagement des infrastructures de transport pour encourager des modes de déplacement durables ;
- L'entretien des routes départementales et la promotion des infrastructures écologiques, ainsi que la gestion des équipements publics (parcs naturels, zones de loisirs) de manière durable ;
- Et enfin, la participation à la gestion des espaces naturels sensibles et la mise en œuvre de programmes de lutte contre la pollution et de protection des milieux naturels.

Compétences des Régions
- L'aménagement du territoire, avec l'élaboration et la mise en œuvre des schémas régionaux d'aménagement, de développement durable et d'égalité des territoires (SRADDET) pour une planification stratégique du développement durable de la région ;
- Le développement économique et l'innovation, en soutenant les filières économiques vertes et l'innovation technologique pour la transition écologique, ainsi que la promotion de l'économie circulaire et des énergies renouvelables ;
- Les transports et la mobilité, avec la gestion des transports régionaux (trains, TER) et le développement de plans de

mobilité durable et d'infrastructures pour les transports en commun ;
- La formation et l'éducation, en intégrant l'éducation à l'écologie dans les lycées et les centres de formation professionnelle et en soutenant les initiatives éducatives et les projets de recherche liés à l'écologie ;
- Et enfin, l'environnement et l'énergie, avec la mise en œuvre des politiques régionales de protection de l'environnement et le développement de programmes régionaux pour la transition énergétique, notamment les plans climat-air-énergie territoriaux (PCAET).

En résumé, chaque niveau de collectivité territoriale en France dispose de compétences spécifiques et complémentaires pour porter des politiques publiques écologistes. La coordination et la coopération entre ces différentes échelles sont essentielles pour une approche cohérente et efficace de la transition écologique.

En tant que citoyens, informez-vous des bilans des élus locaux en la matière et de leurs programmes lorsqu'ils sont candidats. Portez des idées, défendez-les en réunions publiques, portez-vous candidats, bref, engagez-vous au niveau qui vous correspond mais ne les laissez pas décider sans vous.

Echelle nationale

S'intéresser à la politique nationale est crucial pour déployer des politiques écologistes efficaces. En effet, les lois et les réglementations qui ont une incidence significative sur l'environnement sont définies à ce niveau. Tout d'abord, les politiques écologistes nécessitent souvent des changements législatifs pour être mises en œuvre à grande échelle. La politique nationale détermine les lois, normes et réglementations environnementales qui influencent directement les pratiques locales et régionales.

En outre, le gouvernement est responsable de l'allocation des ressources financières et techniques pour les projets écologiques. Sans un engagement au niveau national, il peut être difficile de financer des initiatives locales ou régionales de manière adéquate. Les politiques nationales peuvent également influencer les grandes entreprises et les secteurs industriels à adopter des pratiques durables. Des lois telles que les taxes carbones, les subventions pour les énergies renouvelables et les réglementations sur les émissions sont des outils puissants pour orienter l'économie vers un modèle plus écologique.

Les citoyens peuvent exercer une pression sur leurs représentants pour qu'ils adoptent des politiques environnementales robustes. Les pétitions, les manifestations et le lobbying sont des moyens de montrer aux élus que l'écologie est une priorité pour leurs électeurs. Il est indispensable d'être bien informé sur les lois en cours d'élaboration et de discuter de leurs implications. Une population bien informée peut mieux participer au débat public et influencer les décisions politiques. Adhérer à un parti politique, même si on n'est pas en accord avec toutes ses positions, permet de peser sur ses orientations et de promouvoir les politiques écologistes de l'intérieur. C'est normal de ne pas être en phase avec l'intégralité des positions d'un parti ; l'important est de trouver le moyen d'agir de la manière la plus efficace.

L'engagement dans la politique nationale est essentiel pour le déploiement des politiques écologistes, car c'est à ce niveau que les décisions structurantes sont prises. Faire pression, s'informer sur les lois et rejoindre un parti politique, même en cas de désaccord partiel, sont des moyens efficaces pour influencer ces décisions.

Echelles européenne et mondiale

Les problèmes écologiques sont intrinsèquement mondiaux et comprendre cette dimension est fondamental pour élaborer des solutions efficaces. Les polluants atmosphériques, comme le dioxyde de carbone (CO_2), circulent librement à travers les frontières nationales. Le CO_2 émis par un pays se disperse dans l'atmosphère et contribue au réchauffement climatique partout dans le monde. De même, les particules de pollution de l'air peuvent se propager bien au-delà de leur source d'origine, affectant des régions éloignées.

Les activités humaines, telles que la déforestation en Amazonie ou l'exploitation minière en Afrique, peuvent entrainer des répercussions sur l'ensemble de la planète. La perte de biodiversité, le changement climatique et la perturbation des cycles de l'eau sont également des exemples de problèmes locaux ayant des effets globaux. La déforestation contribue au changement climatique qui, à son tour, provoque des phénomènes climatiques extrêmes dans d'autres régions. Les écosystèmes sont interconnectés à l'échelle mondiale. La dégradation d'un écosystème dans une région peut affecter les chaînes alimentaires et les cycles écologiques à l'échelle mondiale. La pollution des océans, par exemple, impacte la vie marine et les équilibres biologiques qui touchent tous les océans.

Les actions entreprises à un niveau local, bien que nécessaires, peuvent être insuffisantes si elles ne sont pas coordonnées avec des efforts globaux. Il va sans dire que les réductions locales d'émissions de gaz à effet de serre sont moins efficaces si d'autres régions continuent à émettre des quantités massives de CO_2. Un effort localisé ne peut donc pas inverser les tendances globales du changement climatique ou de la perte de biodiversité. Pour obtenir des résultats significatifs, les actions locales doivent donc être renforcées par des politiques et des accords internationaux.

Les conférences des parties (COP) à l'image de la COP21 à Paris, jouent un rôle clé dans la négociation et la mise en œuvre d'accords climatiques globaux. La COP21, par exemple, a abouti à l'Accord de Paris, premier accord contraignant juridiquement qui fixe des objectifs mondiaux pour limiter le réchauffement climatique et requiert des engagements de réduction des émissions de la part des pays signataires. Les grandes entités politiques, comme l'Union Européenne, ont le pouvoir et les ressources nécessaires pour promouvoir des politiques ambitieuses et influencer d'autres régions du monde. En adoptant des mesures ambitieuses et en montrant l'exemple, elles peuvent catalyser un changement global et encourager les autres nations à suivre. La coordination internationale permet d'aligner les politiques, d'harmoniser les réglementations et de partager les meilleures pratiques. Cela assure que les efforts ne se contredisent pas et que les ressources soient utilisées de manière optimale pour atteindre des objectifs communs.

Les problèmes écologiques transcendent ainsi les frontières nationales et nécessitent une réponse globale. Les actions locales, bien qu'importantes, doivent être complétées par une coordination internationale pour être réellement efficaces. Les accords comme les COP et l'engagement de grands blocs politiques comme l'Union Européenne sont essentiels pour catalyser les efforts mondiaux, maximiser l'impact des politiques écologiques et faire avancer la lutte contre les crises environnementales à l'échelle planétaire.

Comme évoqué précédemment, la notion de développement durable, souvent critiquée pour son application dans les pays développés, revêt une pertinence particulière pour les pays en développement. En effet, ces derniers n'ont jamais réellement consommé leur quota carbone historique, contrairement aux nations industrialisées qui ont largement épuisé leurs réserves. Cette observation est soutenue par le rapport sur les inégalités mondiales de 2022, évoqué précédemment, qui met en lumière les disparités flagrantes entre le Nord et le Sud en matière d'émissions de CO_2.

Or, la réalité actuelle impose une complexité supplémentaire : il serait irresponsable d'encourager les pays en développement à suivre le même chemin que les pays industrialisés, c'est-à-dire à émettre autant de CO_2 que ces derniers l'ont fait pendant des décennies. Une telle trajectoire mènerait inexorablement à une catastrophe climatique globale. Face à ce dilemme, la seule solution équitable et viable réside dans un mécanisme de compensation. Les pays qui ont historiquement bénéficié de l'exploitation des ressources fossiles ont une dette écologique envers les nations qui possèdent aujourd'hui des réserves de pétrole ou de gaz. Ces dernières devraient être indemnisées pour ne pas exploiter ces ressources, en échange de leur contribution à une transition énergétique globale.

Ce principe de compensation pourrait être comparé à la notion de réparations historiques, semblable aux compensations économiques envisagées pour les anciennes colonies, ou aux dédommagements versés par les nations pour les crimes passés. Sans une telle reconnaissance de la responsabilité historique des pays développés, toute tentative de transition énergétique serait vouée à l'échec, précipitant ainsi l'humanité vers un avenir tragique.

Conclusion

Le rapport que nous avons envers l'environnement de manière générale a beaucoup évolué au fil des siècles et des millénaires. Malgré le développement d'un semblant de conscience environnementale en apparence, nous n'avons jamais autant maltraité notre planète. Nous modelons les espaces de vie, non plus seulement pour répondre à une consommation toujours plus excessive, mais désormais pour créer toujours plus de besoins superficiels.

Les grandes idéologies qui ont structuré le monde politique au siècle dernier sont maintenant désuètes. Elles n'ont pas réussi à intégrer la dimension écologique et doivent être repensées à l'aune des défis actuels.

L'écologie politique a ouvert la voie à un projet de société alternatif et profondément novateur, fondé sur le respect du monde biologique. Le capitalisme et le communisme parlent tous deux d'une même voix de pouvoir d'achat, l'écologisme parle de pouvoir de vivre. Ce concept place au cœur du débat la qualité de vie, non seulement pour les êtres humains, mais aussi pour l'ensemble du règne animal et végétal. L'écologisme s'oppose à l'idée que la croissance économique, souvent mesurée en termes d'accumulation de biens matériels, soit l'ultime objectif de la société. Au lieu de cela, il prône une réévaluation des priorités, en mettant en avant le respect des écosystèmes, la justice sociale, et la préservation des ressources naturelles. Le bien-être n'est pas uniquement défini par la capacité à consommer, mais par la possibilité de vivre dignement, en harmonie avec les autres formes de vie et en respectant les limites de la planète.

Or, l'écologie politique n'est pas encore perçue comme un projet de société global qui couvre tous les domaines. Elle reste minoritaire et considérée comme « un truc en plus », en témoigne les scores d'EELV-Les Ecologistes aux élections nationales. L'écologie doit ainsi faire sa mue pour embrasser la société et gagner la bataille culturelle pour devenir majoritaire et imposer un nouveau récit.

Ce nouveau récit doit permettre à chacun de s'identifier en tant qu'écologiste, qui que l'on soit, quel que soit notre mode de vie. Travailler sur cette capacité d'identification est essentiel pour dépasser la sociologie actuelle des militants de l'écologie politique et bâtir une véritable écologie populaire.

L'écologie populaire est une méthode, celle de partir des besoins réels des citoyens pour penser les politiques publiques. L'écologie populaire est une philosophie, elle s'inscrit dans la lignée des penseurs de l'écologie politique qui l'ont précédée. L'écologie populaire est un projet de société, elle porte haut et fort la justice sociale comme étant au cœur des problématiques écologistes. L'écologie populaire est une nouvelle voie, prête à prendre les clés du pouvoir et à gouverner. Pour paraphraser certaines personnes qui utilisent cette expression pour parler de partis peu fréquentables : « On n'a jamais essayé », car nous n'avons jamais réellement essayé l'écologie politique au pouvoir. Alors faisons le pari de l'écologie populaire car nous n'avons rien à perdre et tout à gagner !

Être écologiste c'est changer notre rapport au vivant et en réguler ses puissances destructrices.

Être écologiste c'est prendre conscience de l'aliénation engendrée par la société de consommation, productrice à l'infini de nouveaux besoins. C'est développer notre autonomie et défendre nos écosystèmes en tant que « monde vécu » pour reprendre les mots de Gorz.

Être écologiste c'est protéger tout un chacun des dérèglements climatiques et notamment les plus précaires, en défendant une sécurité sociale écologique afin de protéger les citoyens des événements climatiques toujours plus nombreux et dévastateurs.

Être écologiste c'est penser global, mais agir à toutes les échelles possibles : local, national, européen et mondial.

Pour paraphraser la célèbre expression de Francis Blanche : face au monde qui change, arrêtons désormais de changer le pansement et pensons le changement.

Sources du livre

Par ordre de citation dans le livre :

- Scripture, E.W. (1897). *The New Psychology*. W. Scott Publishing Company, Limited.
- Besset, J.-P. (1994). *René Dumont, une vie saisie par l'écologie*. Pocket.
- Chappelle, G., Servigne, P., & Stevens, R. (2018). *Une autre fin du monde est possible*. Seuil.
- Bible (n.d.). *Genèse 1 :28*.
- Serres, M. (2020). *Le contrat naturel*. Flammarion.
- Bonneuil, C., & Fressoz, J.-B. (2016). *L'événement Anthropocène, la Terre, l'histoire et nous*. Points.
- Spinoza, B. (1913). *Éthique, démontrée suivant l'ordre géométrique et divisée en 5 parties*. Traduction par Ch. Appuhn.
- Sand, G. (1873). *La forêt de Fontainebleau*. Dans *Impressions et souvenirs*. Michel Lévy Frères.
- Hardin, G. (1968). *The Tragedy of Commons*. *The Science Review*.
- Harari, Y. N. (2015). *Sapiens : Une brève histoire de l'humanité*. Albin Michel.

- Society of Vertebrate Paleontology. (2015, October 29). *Early humans linked to ancient Australian extinction.* ScienceDaily. https://urlr.me/JGfSdv
- Duflot, C. (2015). *Le grand virage.* Les Petits Matins.
- Sutherland, D. A., et al. (2019). *Direct observations of submarine melt and subsurface geometry at a tidewater glacier. Science, 365,* 369-374. https://doi.org/10.1126/science.aax3528
- Les Économistes Atterrés. (2020). *SARS2 et Anthropocène : significations et enjeux pour la politique publique.* Mediapart. https://urlr.me/mW5CaP
- Orange, M. (2020). *L'âge de l'anthropocène, c'est celui du retour aux biens communs.* Media Citoyen. https://urlr.me/CmfDSr
- Lazar, M. (1990). *Damné de la terre et homme de marbre : L'ouvrier dans l'imaginaire du PCF du milieu des années trente à la fin des années cinquante. Annales. Économies, Sociétés, Civilisations, 45*(5).
- Bosquet, M. (1977). *Écologie et Liberté.* Galilée.
- Illich, I. (2014). *La convivialité.* Points.
- Gorz, A. (1980). *Adieux au prolétariat.*
- Les Échos. (2019). *Le Venezuela toujours miné par une inflation titanesque.* Les Échos. https://urlr.me/CsExhB
- European Civil Protection and Humanitarian Aid Operations. (2023, March 17). *Venezuela.* https://urlr.me/Cxg7ZR
- Latouche, S. (2020). *L'abondance frugale comme art de vivre : Bonheur, gastronomic et décroissance.* Payot & Rivages.

- Cross, G. (1993). *Time and Money: The Making of Consumer Culture.*
- Malet, J.B. (2019). *Un autre effondrement est possible. Le Monde Diplomatique.* https://www.monde-diplomatique.fr/60145
- Boulding, K. E. (1966). *The Economics of the Coming Spaceship Earth.* Dans H. Jarrett (Ed.), *Environmental Quality in a Growing Economy* (pp. 3-14). Resources for the Future/Johns Hopkins University Press.
- U.S. Congress. (1973). *Energy Reorganization Act of 1973: Hearings, Ninety-third Congress, First Session, on H.R. 11510.* U.S. Government Printing Office.
- La Charte des Verts mondiaux. (n.d.). Global Greens Charter – French Translation (2019) - https://urlr.me/snRbYk
- Gorz, A. (2008). *Ecologica.* Galilée.
- Giorgini, I. (2024). *Le parcours de vente expérientiel, l'inévitable investissement du luxe. Luxury Tribune.* https://urlr.me/vDftUA
- Hammadi, A. (2021). *Tourisme spatial : La course dans l'espace entre milliardaires est-elle polluante ? Le Parisien.* https://urlr.me/h4Dx3r
- Habermas, J. (1990). *La technique et la science comme "idéologie".* Gallimard.
- Gorz, A. (1992). *L'écologie politique entre expertocratie et autolimitation. Actuel Marx, 12,* 15–29. http://www.jstor.org/stable/45299519

- Gorz, A. (2023). *Du « ça me suffit » au « plus vaut plus ».* Dans *Métamorphoses du travail. Critique de la raison économique* (pp. 162-189). Gallimard. https://urlr.me/KvdejX

- Latour, B. (2020). *Où atterrir ? Comment s'orienter en politique.* Éditions La Découverte.

- Corporate Europe Observatory (CEO), Amis de la Terre Europe, Amis de la Terre France, & European Coalition for Corporate Justice (ECCJ). (2021). *Tirées d'affaire ? Le lobbying des multinationales contre une législation européenne sur le devoir de vigilance.*

- Rapport sur l'impact environnemental du budget de l'État, PLF 2021. (2020, September). https://urlr.me/P4ZfDh

- Pélabay, J., & Sénac, R. (2017). *Figures du citoyen critique.* CEVIPOF, Note #45.

- Vohra K, Vodonos A, Schwartz J, Marais EA, Sulprizio MP, Mickley LJ. *Global mortality from outdoor fine particle pollution generated by fossil fuel combustion: Results from GEOS-Chem.* Environ Res. 2021 Apr; 195:110754. doi: 10.1016/j.envres.2021.110754. Epub 2021 Feb 9. PMID: 33577774.

- Carpio, M.-A. (2021). *La pollution atmosphérique tue trois fois plus que la Covid19. National Geographic.* https://urlr.me/vaVp8w

- Rojey, A. (2011). *L'avenir en question : changer pour survivre.* Armand Colin.

- Centre de Ressources Textuelles et Lexicales (CNRTL). https://urlr.me/8AJdXn
- Bourdieu, P., & Passeron, J. (1972). *La reproduction. Éléments pour une théorie du système d'enseignement. Population, 27*(2), 335. https://doi.org/10.2307/1529298
- Finchelstein G (2020), Le paysage partisan à cinq cents jours de l'élection présidentielle, Fondation Jean Jaurès, https://urlr.me/hAgDq2
- Taylor, M., & Watts, J. (2019). *Revealed: the 20 firms behind a third of all carbon emissions. The Guardian.* https://urlr.me/3CENvM
- Rapport de France Stratégie. (2022). *Inégalités environnementales et sociales se superposent.* https://urlr.me/gpkVGK
- World Inequality Report. (2022). *Global carbon inequality: Chapter 6.* https://wir2022.wid.world/chapter-6/

- Dahl, R. A. (2021). *I dilemmi della democrazia pluralista. Societa Aperta.*

Pour en savoir plus sur les activités de Graines Populaires, rendez-vous sur
www.grainespopulaires.org